형가리 최초의 한국학 학자 북한을 만나다

헝가리 최초의 한국학 학자
북한을 만나다

2015년 8월 25일 초판 인쇄
2015년 8월 30일 초판 발행

지은이 _ 초머 모세
펴낸이 _ 장호성
기　획 _ 이재석
제　작 _ 송덕익
편　집 _ 성두현 · 박보혜
펴낸곳 _ 노스보스
등　록 _ 1968.2.27 : No. 제03-00095호
주　소 _ 경기도 용인시 수지구 죽전로 152
전　화 _ 031-8005-2405
팩　스 _ 031-8021-7154

값 14,000원

ISBN 978-89-7092-547-9 93900

헝가리 최초의 한국학 학자

북한을 만나다

쇠베니 얼러다르의 1950년대 북한 문화에 관한 기억들

초머 모세(Csoma Mózes)

nosvos

서문

쇠베니 얼러다르(1914-1980)는 한헝 관계 초기의 중요 인물임에도 불구하고 헝가리에서 오랜 기간 잊혀져 왔다. 물론 19세기 말과 20세기 초 오스트리아 헝가리 제국 시대에 이미 한반도를 방문한 헝가리인들이 존재하였으나 이들은 한반도 전문가가 아닌 여행가, 군의관, 민속학자 출신으로 현지 체험을 바탕으로 한반도에 대한 지식을 습득하였다. 1950년 여름, 한국전쟁 당시 사회주의 국가였던 헝가리 정부가 부상자 치료를 목적으로 북한에 파견한 헝가리 의료진의 상황도 다르지 않았다.

그러나 이들과는 달리 한반도 전문가이자 일본문학박사로 일본어를 유창하게 구사했던 쇠베니는 한국전쟁 중 헝가리로 초청된 북한 고아들을 가르친 교사였다. 그는 북한 고아들을 가르치면서 한국어를 습득하고 활발한 연구활동을 통해 한국어 및 한국 문화, 한국사 등에 정통한 한국학 전문가가 되었다. 무엇보다 쇠베니의 인생에 있어 최대의 업적은 최초의 헝한사전인 웽조사전을 편찬한 것이다. 쇠베니는 한반도를 방문하기 전 이미 한국어를 구사한 최초의 헝가리인이며, 한반도에 대한 이해와 지식을 겸비해 1954년 9월, 북한 주재 헝가리 대사관에 문화관으로 부임하였다.

저자는 헝가리 최초의 한국학 학자 쇠베니 얼러다르의 생애와 교사로서의 북한 고아들의 교육과정, 1954년부터 1956년까지 북한 주재 헝가리 문화관으로서의 외교 활동, 아울러 한국학 학자로서의 쇠베니를 조명하고자 한다.

쇠베니는 2년간 북한에서 문화관으로 근무하는 동안 부인 요브 클라라에게 안부 편지를 자주 보냈다. 이 편지들에는 1950년대 중반 쇠베니의 평양 주재 외교관으로서의 생활 모습과 당시의 각종 연회 모습 등이 잘 드러나 있다. 특히 평양 금수산 모란봉 아래에 위치한 지하 고전예술극장에서 열린 호화로운 연회에 대한 상세한 기록들은 한국전쟁 이후의 폐허가 된 북한에 대한 선입견을 불식시킨다. 이 편지들은 당시 북한 상류층의 실상을 엿볼 수 있는 가치 있는 기록으로 이 책을 집필하는 데 주요 출처로 사용되었다. 또한 쇠베니의 편지에는 북한 문화 연구 상황을 비롯한 문학작품 번역 및 최초의 헝한사전인 웽조사전 편찬 과정 등이 자세히 기록되어 있다.

쇠베니는 헝가리의 여러 신문과 잡지 등에 한국 전통문화와 당시의 북한 문학을 소개하는 한편 그가 작성한 다수의 원고와 외교 문서들을 통해 1950년대 중반과 1960년대 초의 저명한 북한 지식인들을 만날 수 있다. 일제강점기부터 잘 알려진 작가 한설야를 비롯해 고고학자 도유호, 무용가 최승희 등도 자세히 언급되어 있다. 쇠베니는 여러 북한 지식인들을 기록에 남기며 그들을 진심으로 높이 평가하였으나 대부분은 북한 내부 갈등의 희생양이 되어 1960년대 초에 숙청되었다. 따라서 북한에서는 이들과 관련된 서적을 비롯한 관련 자료들의 대부분이 사라졌고, 반면 남한에서는 월북 인사들에 대한 언급이 오랫동안 금기시되어 왔기 때문에 안타깝게도 관련 자료가 많이 남아 있지 않다. 따라서 남북한에서 숙청된 예술가들에 대한 정보 부족의 공백을 헝가리 외교관이었던 쇠베니의 기록들이 보완, 완성 시킨다는 점에서 그의 기록은 진가(眞價)를 발휘한다.

그동안 이 책이 나오기까지 도움을 주신 은사이신 헝가리 엘떼(ELTE)대학교 한국학 학자 오슈바트 가보르 교수님을 비롯하여 동 대학 중국학 학자 총고르 버르너바쉬 옹, 쇠베니 얼러다르의 차남인 쇠베니 팔, 내과 전문의 퍼제커쉬 러이요쉬의 장남인 심장병 전문의 퍼제커쉬 터마쉬, 단국대학교 장호성 총장님, 현준원 학장님, 장두식 교수님(헝가리 엘떼대학교), 박종원 교수님, 동대학 동양학연구원 한시준 원장님, 서울대학교 역사교육과 김태웅 교수님, 노스보스 성두현 선생님과 출판사 관계자 여러분께 지면을 통해 다시 한 번 감사의 말씀을 드린다.

끝으로 이 책이 한국어로 출판될 수 있도록 번역과 편집에 많은 도움을 준 아내 남선미(Nam Sunmi)를 비롯해 야노쉬 찬우(János Chanu), 페테르 승우(Péter Seungu), 이슈트반 지우(István Jiu)에게 고마움을 전한다.

2015년 여름,

부다페스트에서

저자

일러두기

1. 인명과 지명

- 헝가리 인명과 지명 등은 현지 발음에 가깝게 표기하였다.
- 인명은 헝가리어 인명 표기 방식에 따라 성과 이름 순으로 기재하였다.
- 그밖의 인명은 영문 표기 방식으로 기재하였다.

2. 사진 자료

- 사진 설명 후 ( )안에 사진의 출처를 밝혀 두었다.
- 사진이 쇠베니 얼러다르의 유품인 경우 출처를 따로 밝히지 않았다.

3. 쇠베니 얼러다르의 유품 자료

- 「문서명」, 연월일, 장소(확인 가능한 경우)순으로 표기하였다.
  예 : 「북한 관련 소식들」, 1955년, 6월 25일, 평양.

4. 쇠베니 얼러다르가 부인 요브에게 쓴 편지

- 연월일과 장소만 표기하였다.
  예 : 1954년 12월 22일, 평양.

오늘날 사용하는 한글은 1446년부터 한반도에서 사용되어 오고 있다. 언어학자 입장에서 본 당시 조선의 문자 개혁의 가치는 측정이 불가능하다. 한글은 최초의 현대적 동아시아 문자이다. 중국인들은 제 2차 세계 대전 이후에나 문자 개혁이 가능했고, 일본인들은 아직도 한국인들을 따라잡지 못하고 있다.

– 쇠베니 얼러다르

*A mai is használatos [koreai] betűírást 1446-ban vezették be. Nyelvi kutatómunka szempontjából a koreai írásreformnak felmérhetetlen jelentősége van. A koreai betűírás az első modern távol-keleti írás. A kínaiak csak a felszabadulás után, a japánok pedig még mindig nem érték utol őket.**

Sövény Aladár

*「북한 연구활동에 대한 보고서」, 1959년 2월 27일, 부다페스트.

목차

제4장 한민족 문화에 대한 고찰

제5장 오천 년 역사의 한반도

제6장 최초의 헝한사전『웽조사전』

제7장 북한에서의 연구 활동(1958년)

제8장 강력한 독재국가로의 전개

제1장

쇠베니 얼러다르의 생애

Sövény Aladár, az első magyar koreanista tudós

북한 학생들과의 첫 만남

쇠베니 얼러다르는 1914년 2월 9일 쇼모쥐 주의 커포이에서 출생하였다. 교사 출신의 부친은 슬하에 모두 7명의 자녀를 두었는데 쇠베니는 막내로 태어나[1] 1932년에 케츠케메트라는 지방 도시에서 중고등학교를 마쳤다. 그 후 부다페스트의 파즈마니 페테르 대학교[2]에서 헝가리문학 및 불문학을 전공하였다. 프룈레 빌모쉬[3] 교수로부터 일본

1) 쇠베니 얼러다르의 아들 쇠베니 팔과의 대화, 2015년 5월.

2) 헝가리 최고 인문대학인 엘떼(ELTE)대학교의 전신.

3) Prőhle Vilmos(1871-1946): 동양학 학자, 대학교수. 엘떼대학교 전신 부다페스트 대학교에서 수학하였고 터키어와 터키 문학으로 박사 학위를 취득하였다. 1923년 부다페스트 무제움 거리 6-8번지(현재 엘떼대학교 인문대학의 중앙건물)에 설립된 동아시아학부의 초대 학부장을 역임하였다.
제자들의 증언에 의하면 중국어와 일본어를 포함해 총 40여 개 국어를 구사하였다. 1942년에 은퇴하였고 제 2차 세계 대전 말 독일로 망명 후 독일에서 사

솜버트헤이에서 첫 교편을 잡은 당시의 쇠베니 얼러다르

쇠베니 팔과 저자(출처: 초머 모세)

어도 배워 대학생 시절 헝가리어로 번역한 일본 고전시가 헝가리 문학잡지에 게재되기도 하였다. 쇠베니는 1939년에 일본어 및 일본문학 박사 학위를 취득하였고 그의 원고들은 『새 시대』, 『영화 · 연극 · 문학』지 등에 수록되었다.

쇠베니는 대학 졸업 후 중고등학교 교사로 장기간 재직하였는데 서부 지방에 위치한 솜버트헤이의 남자 상업고등학교[4]에서 첫 교편을 잡았다. 그 후 제 2차 세계 대전 중인 1941년 8월에 군에 입대하였다. 쇠베니의 유품인 복무 수첩에는 비교적 단기간의 군복무를 마친 것으로 기록되어 있다. 당시에는 박사 학위 소지자가 드물었기 때문에 일반 사병이 아닌 행정병으로 회계 업무를 맡았다. 제대 후에는 부다페스트 부근의 세케쉬페헤르바리 농업고등학교의 교사로 재직하였다.

쇠베니의 제자 유하스 죠르쥐는 쇠베니가 당시 농민당의 지도부 인

망하였다.

4) Szombathelyi Horváth Boldizsár Fiú Felső Kereskedelmi Iskola.

김일성 초등학교에서 수업 중인 쇠베니 얼러다르

사였던 저명한 소설가 출신의 네메트 라슬로[5]와 친분이 있었다고 회고하였다.[6] 1950년대 초, 쇠베니의 북한 시와 단편소설 번역본이 농민 일간지 〈해방된 땅〉과 〈해방된 땅〉의 연간 간행물 〈보물의 달력〉에 수록되었는데 이를 통해 쇠베니의 지방과 농민에 대한 애착을 엿볼 수 있다.

쇠베니는 1951년에 헝가리의 수도 부다페스트로 이사를 하였다. 그 후 얼마 지나지 않아 한국전쟁 중에 헝가리로 초청된 북한 고아들

5) Németh László(1901-1975): 헝가리 작가. 인문대학에서 학업을 시작했으나 의대로 전과해 치과의사가 되었다. 1920년대부터 다양한 작품을 발표하였고, 1932년부터는 개인 소유의 잡지를 창간, 편집장으로 활동하였다. 제 2차 세계대전 후 중고등학교 교사로 단기간 재직하였다. 1950년대에는 그의 작품 활동이 널리 인정받아 요제프 어띨러 상과 코슈트 상을 수상하였다.

6) Juhász György,『보상』, Hitel, 2012년 11월, 86쪽(원제: Kárpótlás)

을 위해 설립된 김일성초등학교[7]의 교사로 근무하기 시작하였다. 쇠베니는 북한 학생들을 가르치기 시작하면서 일생에 걸쳐 한국어와 한국 문화 등에 심취해 있었다. 헝가리어를 배우는 북한 학생들을 위해 헝가리어 문법책을 저술하는 한편 최초의 헝한사전인 웽조사전 출판을 준비하였다. 뿐만 아니라 당시 가장 저명했던 북한 소설가 한설야의 『대동강』을 헝가리어로 번역 및 출간하였고[8] 북한 시인들의 작품과 북한 학생들의 자작시를 헝가리어로 번역하였다.

김일성초등학교는 한 학기를 마친 학생들의 보다 효율적인 헝가리어 학습을 위해 1952년 9월부터 인근의 현지 초등학교 및 중고등학교로 학생들을 전학시켰다. 부다에 위치한 페퇴피 샨도르 중고등학교로 근무지를 옮긴 쇠베니의 반에는 총 15명의 북한 학생들이 배정되었으며 이들 외에도 그리스 출신의 외국인 학생들[9]이 네 명이나 재학 중이었다.[10]

헝가리 최초 한국학과의 운명

당시 헝가리에서는 북한과의 활발한 교류로 인하여 대학 교육 수준의 한국어 교육의 필요성이 대두되었다. 그때 헝가리 최고 명문 대학인 엘떼(ELTE)대학에서 동아시아학과 및 중앙아시아학과의 학과장을

7) 북한에서는 '김일성학원'으로 불렸다.

8) Han Szer Ja, 『Vihar a Tedong felett』(헝가리 번역판), Szépirodalmi kiadó, 1954년, 부다페스트.

9) 1940년대 말 그리스 시민 전쟁에서 패한 그리스 공산주의자들은 헝가리 등 여러 사회주의국가로 가족들과 함께 다수 망명하였다.

10) 「북한 유학생들의 교육에 관한 몇 가지 사실」, 1953년 11월 21일, 부다페스트.

겸임하며 헝가리 전체 아시아 연구의 대부로 활약하고 있던 리게티 러이요쉬[11]는 아시아 분야에서 큰 영향력을 지닌 인물이었다. 그의 젊은 조교였던 총고르 버러너바쉬[12]는 훗날 엘떼대학교의 중국학 설립자가 되었다.

저자는 당시 한국학과 설치의 필요성이 대두되었음에도 불구하고 엘떼대학교에 한국학과가 설치되지 못한 이유와 배경을 알아보기 위해 현재 아흔이 넘은 총고르 옹과 만나 인터뷰를 하였다. 총고르 옹에 의하면 엘떼대학교 인문대학의 학처장회의에서는 한국어 필요성을 역설하며 이를 계획하였다. 한국어 교원 물색을 지시 받은 리게티 교수와 총고르는 한국어 교육을 담당할 인물로 페퇴피 샨도르 중고등학교에서 근무하고 있는 쇠베니를 찾게 되었다. 쇠베니도 흔쾌히 이 제안을 받아들였다.

저자는 엘떼대학교 대학 공문서 자료실의 자료를 통해 리게티 교수가 서한으로 인문대학장 보커 라슬로에게 한국어 교수 자리를 마련해 달라고 요청한 사실을 확인하였다. 인문대학장 보커는 1953년 2월

---

11) Ligeti Lajos(1902-1987): 동양학 학자, 대학교수. 엘떼대학교의 전신인 파즈마니 페테르 대학교에서 수학하였고 고대그리스학과 터키학과를 졸업하였다. 1925년부터 1928까지 파리의 소르본 대학에서 몽골학, 티벳학, 중국학을 공부하였다. 제 2차 세계 대전 이전 내몽골지방, 아프가니스탄, 일본에서 연구 활동을 하였으며 본국으로 귀국 후 엘떼대학교 동아시아학부의 학부장 및 동아시아학과와 중앙아시아학과의 학과장을 동시에 역임하였다. 20여 년간 헝가리 학술원(MTA, Magyar Tudományos Akadémia) 부원장을 지냈으며 단기간 임시 원장도 역임하였다.

12) Csongor Barnabás(1923-): 헝가리 중국학 학자. 엘떼(ELTE)대학교의 전신 파즈마니 페테르 대학교에서 헝가리어학과 이태리어학을 수학하였고 중국어를 배웠다. 1947년에 중국학 박사학위를 취득하였다. 1950년부터 1990년까지 40년 간 동아시아학과에서 재직하였고 다수의 중국 고전문학작품을 헝가리어로 번역하였다.

6일에 이 서한을 총장실에 전달하면서 한국어 교수 임용을 전적으로 지지한다는 자신의 서한도 함께 전달하였다.[13] 총고르 옹에 의하면 학과장 리게티는 한국어 교육을 동아시아학과가 아닌 중앙아시아학과에 설치하려고 계획하였다. 한국어는 언어학상 동아시아가 아닌 중앙아시아에서 기원한다고 생각했기 때문이었다. 또한 당시 중앙아시아학과에서 활발히 연구 중이던 몽골학 및 만주 퉁구스학과 함께 한국어 연구도 진행하는 것이 좋을 것 같다고 판단했기 때문이었다.

한편 조교 총고르는 한국어 교수 임용 결과를 기다리고 있던 쇠베니에게 19세기에 출판된 한국어 문법책 한 권을 주었다고 한다. 이 고서는 동아시아 학자이자 지방의 중고등학교 교사였던 아그네르 러이요쉬[14]의 유품으로 당시 총고르가 보관하고 있었던 것이다.[15]

1953년 3월 20일, 드디어 인문대학장실에 총장실의 회신이 도착하였다. 부총장 렌젤 벨러는 한국어 교수 임용에 대한 요청서를 총장실에서 교육부에 전달했으나 교육부가 이를 거부하였다고 통보하였다. 한국어 교수 임용에는 긍정적이었던 반면 적합한 인물이 없다는 것이 교육부의 입장이었다.[16] 총고르 옹은 교육부가 정치적인 이유로 쇠베니가 한국어 교수로 부적합하다고 판단해 임용하지 않았다고 회상하였다.[17] 실제로 1950년대 초 헝가리 노동자당 정부는 노동자나 농민

---

13) ELTE공문서 보관소, 1953, NYIK, DH. 855. 13.

14) Ágner Lajos(1878-1949): 동양학 학자, 중고등학교 교사. 부다페스트와 베를린에서 수학하였다. 교사로 재직하는 동안 다수의 저서를 집필하였고 일본과 중국 문학작품들을 헝가리어로 번역하였다. 베를린에서 유학을 마치고 귀국하면서 한국어 문법책을 헝가리에 가져 왔다.

15) 중국학 학자 총고르 버러너바쉬와의 인터뷰, 2015년 2월, 부다페스트.

16) ELTE공문서 보관소, 1953 BTK, NYIK, DH. 855. 75.

17) 중국학 학자 총고르 버러너바쉬와의 인터뷰, 2015년 2월, 부다페스트.

출신의 공산주의자 간부들, 제 2차 세계대전 중 비밀리에 공산주의 활동을 했던 인물들을 요직에 등용시켰다. 반면 지식인 출신이며 공산주의자가 아니었던 쇠베니는 이러한 정치적인 이유로 안타깝게도 엘떼대학교의 한국어 교수로 임용되지 못하였다. 이는 엘떼대학교뿐만 아니라 헝가리 한국학계에도 크나큰 손실이었다.

그 후 쇠베니를 대신해 한국어 교육을 담당할 적합한 인재를 찾지 못하자 60 여 년 전에 활발히 논의되었던 헝가리 최초의 한국어 교육 계획은 결국 무산되었다. 그 후 20여 년이 지난 1970년대 후반에서야 비로소 헝가리에서 한국어 교육을 최초로 시작할 수 있었다. 여기에는 중국학을 전공하고 북한에서 유학했던 헝가리 언어학자 마르톤피 페렌츠[18)]의 역할이 컸다. 그가 비로소 엘떼대학교 인문대학에서 동아시아 언어학의 일부이자 비정규 과목으로 한국어 교육을 시작했기 때문이었다. 1990년대 초, 마르톤피가 젊은 나이로 세상을 떠난 1997년부터 약 10년 간 중앙아시아학과에 의해 정규 한국어 프로그램이 운영되었다. 그러다가 2008년 여름이 되어서야 헝가리 최초로 엘떼대학교 인문대학에 한국학과가 독립적으로 설치되었고 같은 해 9월부터 정식 한국학과가 운영되고 있다.

60여 년 전에 쇠베니가 엘떼대학교에 한국어 교수로 임용이 되었더

18) Mártonfi Ferenc(1945-1991), 언어학자. 부다페스트 엘떼대학교 중국학 및 언어학 전공. 헝가리 정부 장학금을 받아 중국 유학을 준비하였으나 중국에서 문화혁명이 일어나 외국 유학생들을 수용하지 않자 대신 북한 유학을 제의 받아 1968년부터 1970년까지 김일성종합대학교에서 유학하였다. 귀국 후 한국어와 관련된 논문을 다수 집필하였으며 모교에서 중국언어학을 가르쳤다. 또한 1980년대 말에 최초로 엘떼대학교 인문대학에서 한국어를 가르쳤다. 안타깝게도 심장마비로 인해 40대 중반의 나이로 요절하였다.
저자의 이모부이기도 한 마르톤피 소유의 도서들은 엘떼대학교에 기증되어 동아시아 도서관에 소장되어 있다.

라면 헝가리 내 한국학과 설치를 앞당길 수 있었을 뿐만 아니라 한국학과가 지금보다는 훨씬 더 긴 역사를 가지고 발전을 해왔을 텐데 하는 아쉬움이 남는 대목이다.

북한 주재 문화관이 되다

쇠베니는 비록 한국어 교수 임용에는 실패했지만 한국어 연구 및 웽조사전 출판 등의 공로를 높이 평가받고 인정받았다. 1953년 12월에는 북한 정부로부터 조선어사전 편집자로서 제 3급 국기훈장증을 수여받았다. 이 훈장증 수상자는 연봉으로 6백원을 지급받으며 훈장증 소지 및 제시하는 경우 전차에 무임승차할 수 있는 등 여러 가지 특전을 제공받았다. 한편 헝가리에서는 양국 간의 교류 활성을 위해 웽조사전을 편찬한 쇠베니의 공로를 인정해 1954년 9월부터 주북한 헝가리대사관의 문화관으로 임명하였다. 이는 쇠베니가 현지에서 많은 자료를 수집할 수 있는 기회가 되었고 훗날 한국학 연구 활동을 지속

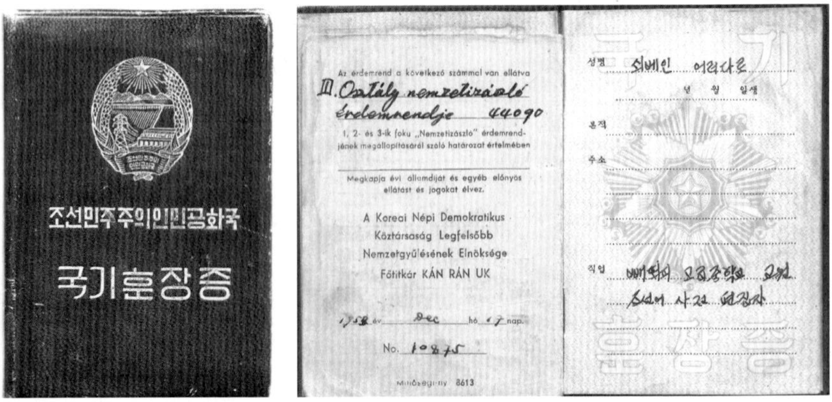

북한 정부로부터 수여받은 국기훈장증 표지와 내지

평양 주재 헝가리 문화관 시절의 쇠베니 얼러다르가 대사관 소유의 소련제 포베다에 기대서 있다.

배를 타고 대동강을 건너는 쇠베니 얼러다르(포베다 차량 좌측 검은색 가죽 코트를 입고 있다.)

하는 데 근간이 되었다. 쇠베니는 외교관으로 활동하면서 북한의 국내 정세와 문화에 대한 다수의 보고서와 기사를 작성해 당시 북한의 실상을 파악할 수 있는 많은 귀중한 자료를 남겼다. 또한 외교 활동 외에도 헝가리의 저명한 19세기 시인인 페퇴피 샨도르[19]의 시집『사랑과 자유』의 한국어 번역 출판에 큰 역할을 하였다.[20]

1956 봄, 쇠베니 얼러다르는 통상적인 외교관 임기에 비해 비교적 짧은 2년 간의 외교관 생활을 마치고 헝가리로 귀국하였다. 쇠베니는 보고서에서 여러 차례 북한 체제를 우회적으로 비판하였는데 당시 작성된 다수 공문서 내용의 정황으로 보아 쇠베니의 정치적인 견해를 탐탁지 않게 생각한 헝가리 외무부가 임기를 단축시킨 것으로 보인다.

쇠베니의 아들 쇠베니 팔은 헝가리 혁명이 일어난 1956년 가을에 아버지 쇠베니는 이미 헝가리에 있었다고 회고하였다.[21] 1956년 10월 말 헝가리의 반소 혁명 발발 시 쇠베니의 거취에 대해서 정확히 알려진 바는 없다. 그러나 여러 간접적 정보에 따르면 아마도 이때 쇠베니 인생에 전환점이 될 만한 중요한 사건이 있었을 것으로 추정된다.

1956년 말부터 1957년 초까지 헝가리 외무부의 동아시아부서에서 쇠베니와 함께 근무했던 요저 샨도르[22]옹의 증언은 당시 상황을 짐작

---

19) Petőfi Sándor(1823-1949). 19세기 초 헝가리의 대표적 시인. 1848-1849년 오스트리아에 저항해 일어난 독립전쟁 당시 자원입대하였다. 1849년 여름, 헝가리 독립전쟁 진압을 위해 오스트리아에 협조한 러시아군과의 전투 중 트란실바니아의 세게쉬바르 부근에서 사라져 전사한 것으로 알려져 있으나 러시아군에 의해 시베리아에 포로로 끌려갔다는 설도 존재한다.

20)「쇠베니 얼러다르의 이력서」, 1972년 8월 29일, 부다페스트.

21) 쇠베니 얼러다르의 아들 쇠베니 팔과의 대화, 2014년 12월, 부다페스트.

22) Józsa Sándor(1929-): 헝가리 중국학 학자 1950년대 초 중국에서 유학하였다. 헝가리 외무부에서 근무하다가1956년 헝가리 반소 혁명 당시의 혁명 활동을 이유로 외무부에서 쇠베니와 함께 해임되었다. 그 후 중국학 교수 및 중국 문

할 만한 중요한 단서를 제공해 주었다. 요저 옹은 쇠베니와 가까운 친구 사이였다고 회고하였다. 쇠베니가 북한에서 외교관 임기를 마치고 귀국하자 외무부는 공산주의에 그다지 충성스럽지 않다고 생각하며 정치적으로 불신하였다. 더군다나 쇠베니는 자신의 견해를 직설적으로 피력하는 성격이었는데 당시 사회주의를 비판하기도 하였다. 결국 1957년 초, 쇠베니는 외무부에서 해임되었고 동시에 관사에서 즉시 이사를 해야 하는 상황에 처하게 되었다.[23)]

다시 일상으로

북한에서 외교관 생활을 마치고 귀국한 1950년대 말부터 쇠베니의 주된 업무는 부다페스트의 페퇴피 샨도르 중고등학교에서 학생들을 가르치는 일이었다. 당시 정치 세력은 쇠베니에게 그다지 호의적이지 않았으며 그가 요직에 오르는 것을 경계하였다. 따라서 쇠베니는 교사로서의 생활을 묵묵히 이어갔다.

쇠베니의 아들 쇠베니 팔은 아버지가 헝가리에는 기회가 없다며 고국을 떠나 파리의 소르본 대학에서 한국어 교수를 해야겠다는 말을 자주 토로했다고 회상하였다.[24)] 저자가 쇠베니의 유품들을 면밀히 조사한 결과 이를 뒷받침하는 간접적인 증거들을 발견하였다. 쇠베니가 프랑스 여행을 위해 작성한 여권신청서와 1965년에 발행된 여권에 찍혀 있는 주 부다페스트 프랑스 대사관의 직인이 바로 그 증거이다. 그

학 번역가로 활동하였다.

23) 요저 샨도르와의 인터뷰, 2015년 2월, 부다페스트.

24) 쇠베니 얼러다르의 아들 쇠베니 팔과의 대화, 2014년 12월, 부다페스트.

러이크 라슬로 전 외무부 장관(출처: Fortepan)

러이크 라슬로 장관의 국장(國葬)으로 치러진 두 번째 장례식 광경(출처: Fortepan)

러나 실제로 소르본 대학과 한국어 교수 임용에 대한 논의가 있었는지는 알 수 없다.[25)]

그렇다면 헝가리와 북한 간 교류에 이바지한 공로를 인정받아 북한에 문화관으로 파견된 쇠베니가 통상적인 임기를 다 채우지 못하고 귀국한 뒤 외무부에서 해임하게까지 만든 그의 정치적인 견해는 과연 어떤 것이었을까? 저자는 이러한 의문을 해결해 주는 유일한 공식 문서를 발굴해 이를 소개하고자 한다.

1958년 가을, 쇠베니는 연구 활동을 목적으로 단기간의 북한 방문을 준비하였다. 그러나 외무부는 이를 방해하기 위해 다분히 고의적으로 쇠베니에 대해 매우 부정적인 보고서를 작성하였다. 반소 혁명 당시 민족주의자였던 쇠베니가 반소 행위뿐만 아니라 헝가리의 중립 정책과 자유 선거 및 다당 체제를 주장해 외무부에서 해임되었다고 기록되어 있다.[26)]

저자는 쇠베니가 남긴 유품 중 반소 혁명 당시의 행적을 통해 그의 정치적 견해를 추정할 수 있는 두 가지 중요한 자료를 발견하였다. 그 중 하나는 쇠베니가 따로 보관한 헝가리 일간 신문[27)]의 1956년 10월 7일자 기사이다. 이는 1949년에 헝가리 노동자당에 의해 불법으로 처형된 외무부 장관 출신의 러이크 라슬로[28)]에 관한 것으로 1956년 중

25) 쇠베니가 유품으로 남긴 여권을 통해 1965년에 여러 유럽 국가를 여행했음을 알 수 있다. 여권 속지에는 폴란드와 동독의 입국 도장이 찍혀 있으며 서독과 네덜란드 사증을 비롯해 주 헝가리 프랑스 대사관 직인도 찍혀 있다.

26) 헝가리 공문서 보관소, MNL XIX-J-1-j-1945-1964-Korea-29/c 13. doboz

27) Szabad Nép

28) Rajk László(1909-1949): 헝가리 공산주의자, 정치가. 당시 헝가리 영토였던 트란실바니아에서 출생하였다. 엘떼대학교 전신인 부다페스트 대학교에서 헝가리학-불문과를 졸업하였다. 청년 시절에 공산주의자가 되었으며 1937년에는 당시 스페인 시민전쟁의 공산주의 진영에 합류하였으며, 1941년에 헝가리

반, 노동자당이 러이크의 불법 처형 사실을 인정하고 재매장했다는 관련된 기사가 전면 기사로 게재되었다. 두 번째 자료는 1956년 10월 23일 헝가리 반소 혁명 첫날 발행된 문학 잡지인 〈문학신문(Irodalmi Újság)〉이다. 이 〈문학신문〉의 특별호에는 민주주의와 반 스탈린주의를 표방하는 헝가리 작가들의 요구가 실려 있다. 이처럼 쇠베니가 따로 고이 보관한 이 두 자료가 그의 정치적 성향을 대변해 주고 있었다.

1958년 가을, 쇠베니는 그의 북한 방문 연구 활동을 가로막으려는 외무부의 노력에도 불구하고 두 달 반 동안 북한에서 연구 활동을 할 수 있었다. 당시 헝가리 동아시아 연구계의 거물급 인사였으며 엘떼 대학교의 학과장뿐만 아니라 헝가리 학술원의 부원장도 역임하고 있었던 리게티의 학문적이고 전폭적인 지지에 힘입어 가능했던 일이었다.[29] 그러나 어렵게 성사된 북한에서의 연구 활동은 순탄하지만은 않았다. 쇠베니는 북한에 있는 동안 북한과학원의 협조로 한국어사와 언어의 계통적 관계, 특히 일본어와의 관계를 연구해 논문을 작성하였다. 그리고 이 논문을 북한과학원에서 박사 논문으로 인정해 줄 것을 기대했던 사실이 그의 아내에게 보낸 편지를 통해 밝혀졌다. 그러나 쇠베니의 기대와는 달리 박사 논문으로 인정받지 못했다.

로 귀국한 뒤 공산주의 활동을 이유로 수감되었다. 제 2차 세계 대전 말 나치와 협력하던 헝가리 정부에 의해 사형될 뻔 하였으나 당시 장관이었던 형의 도움으로 목숨을 건질 수 있었다. 그 후 1945년부터 헝가리 공산당의 주요 간부가 된 뒤 1940년대 말에는 내무부장관 및 외무부장관을 역임하였다. 반면 2차 세계대전 종전 이후 나치와 협력했던 세력을 처벌하는 과정에서는 러이크 라슬로가 숙청 위기에 처한 형의 목숨을 구제하였다.

그러나 1949년 봄, 라코시 마차쉬 총비서는 러이크 라슬로가 유고슬라비아의 간첩이라는 누명을 씌워 처형시켰다. 러이크 라슬로와 동명인 아들은 1970-80년대 헝가리 민주화 운동을 이끌었다.

29) 헝가리 공문서 보관소, MNL XIX-J-1-j-1945-1964-Korea-29/c 13. doboz.

번역 활동

쇠베니는 1965년에 헝가리의 '유럽출판사'에서 출간된 전래 동화집 『세 환부(鰥夫) 장관』의 감수자로 활동하기도 하였다.[30] 이 책에는 대부분 여러 유럽 언어로 출간된 전래 동화들을 여러 번역가들이 공동 번역한 헝가리어 중역본들로 「해와 달」, 「임금님 귀는 당나귀 귀」, 「충성스러운 개」, 「청개구리」, 「의좋은 형제」 등을 비롯해 「북두칠성」, 「금강산 선녀들」 등이 수록되어 있다.

쇠베니가 출판사에 보낸 보고서에는 유럽 언어로 번역된 전래 동화의 헝가리어 재번역이 한국어나 일본어 등 동양어 번역본의 재번역 보다 훨씬 수월했다고 기록되어 있다. 동양어에서 헝가리어로 직접 번역하기 위해서는 번역가의 한국어 어휘에 대한 기본적인 이해가 요구되기 때문이었다. 쇠베니는 영어 번역본을 헝가리어로 번역한 작품이 가장 성공작이라고 평가하였는데 영어 번역본의 원문은 런던대학의 정인섭 교수가 출간한 한국 전래 동화였다.[31] 독일어 번역본에는 오역(誤譯)이 상당수 발견되었으며 그 오역까지도 헝가리어로 번역되었다.[32] 러시아어 번역본은 한글 단어들을 키릴문자로 변환하는 과정에서 원 단어와 상이한 단어로 번역되어 원 단어를 추정하기가 어려웠다. 그럼에도 불구하고 가장 문제가 많았던 것은 일본어 번역본의 재번역이었다. 쇠베니는 일본어 번역본과 헝가리어 번역본을 비교하

30) 『A három özvegy miniszter. Koreai népmesék』, Európa Kiadó, 1966년, 부다페스트.

31) 정인섭, 『Folk tales from Korea』, 1952년, 런던.

32) Eckardt, Andre, 『Die Giesengwurzel. Koreanische Sagen, Volkserzahlungen und Marchen』, 1955년, Eisenach.

중년의 쇠베니 얼러다르

면서 주로 인명과 지명을 교정하였는데 일본어로 출판된 한국의 전래 동화에서는 상당히 일본 색채가 느껴진다고 평가하였다. 그리고 전래동화를 시대별로 수록하지 않고 아무런 기준 없이 무분별하게 목차를 구성한 것을 헝가리어 전래동화집의 가장 큰 문제점으로 지적하는 한편 두루미, 천리마, 무궁화, 진달래 등 한국 전통문화의 상징들이 내포된 전래동화들이 누락되어 있는 것을 아쉬워하였다.[33]

쇠베니는 전래 동화 감수 외에도 1968년 헝가리에서 출판된 『20세기 외국 작가들』이라는 백과사전에 한국 및 일본 작가와 관련된 부분을 편집하였다. 또한 영화 〈한국의 해군들〉의 더빙 제작에 도움을 주었으며[34] 문학잡지 〈대세계〉에 일본 시의 헝가리어 번역본을 비롯해 일본 시 관련 글을 다수 기고하였다.

1972년 가을, 쇠베니는 일본 펜클럽의 초청으로 일본 문화학술대회에 참가하였다. 여권에 찍힌 도장들을 통해 쇠베니가 레바논의 베이루트, 인도의 봄베이, 홍콩을 경유해 일본에 도착하였음을 알 수 있다. 약 한 달 동안 일본에 체류하면서 교토에서 열린 문화학술대회에 참가하여 일본의 10세기 시 형식 및 일본어와 우랄 알타이어의 관계에 대해 발표를 하였다. 특히 일본어와 우랄 알타이어의 관계에 대한 발표에서는 통사론 및 형태론적 측면에서 한국어가 일본어보다 헝가리

33) 유럽출판사에 보낸 보고서, 1965년 9월 5일.
34) 「쇠베니의 이력서」, 1972년 8월 29일, 부다페스트.

어와 더 유사하다고 밝혔다. 쇠베니는 일본 문화학술대회를 정리하는 기사에서 유럽에는 핀 우고르와 우랄 알타이 민족들의 정확한 관계에 대한 어떠한 자료나 정보도 존재하지 않는다고 기록하였다.[35] 그러나 동양에는 오래된 자료와 문서가 많이 존재하고 있으며 다행히 현재는 한국인들과 일본인들이 이 자료들의 훌륭한 내용에 관심을 많이 가지고 있다고 설명하였다.

쇠베니는 일본 문화학술대회에서 만난 미국 언어학자 로이 앤드류 밀러[36]에 대해서도 언급하였다. 밀러는 쇠베니의 대학교 은사인 프룉레 빌모쉬의 독일어 논문[37]과 연구 활동에 대해서는 잘 알고 있었으나 유럽에서 잘 알려진 핀란드의 언어학자 머르띠 라사넨[38]의 존재와 연구 활동에 대해서는 모르고 있었다. 그러자 쇠베니는 라사넨의 알타이어 사전을 깊이 연구할 것을 제의하였다.

35) 쇠베니 얼러다르,「일본에서 개최된 문화학술대회의 경험들」,『부다페스트 페퇴피 샨도르 중고등학교 연감 1972년-1973년』, 1973년, 부다페스트, 100-102쪽 (원제: Egy japán kulturális világkongresszus tanulságai.)

36) Roy Andrew Miller(1924-2014): 미국 언어학자. 미국 콜럼비아대학에서 일본 및 중국 언어학 박사학위를 취득하였다. 1955부터1963까지 도쿄의 국제 크리스찬대학에서 교수로 활동하였다. 그 후 예일대학교의 동아시아 및 남아시아 언어학과의 학과장을 역임하였다.

37) Prőhle Vilmos,「Studium zur Vergleichung des Japanischen mit den uralischen und altaischen Sprachen」, 1916년-1917년.

38) Martti Räsänen(1893-1976): 핀란드 언어학자. 1920년대부터 1960년대까지 헬싱키대학의 교수로 재직하였다.

제자 유하스 죠르쥐의 기억

1970년대 초, 쇠베니가 페퇴피 샨도르 중고등학교에서 교편을 잡고 있을 당시 그의 제자였던 유하스 죠르쥐는 훗날 문학사학자가 되어 남긴 회고록에 쇠베니와의 관계에 대하여 자세히 언급하였다. 쇠베니는 중고등학교에서 오후에 문학 수업을 하였는데 소설가 숄로호프[39]와 헤밍웨이 등의 작품을 비교, 분석하기도 하였다. 그리고 저녁마다 문학에 관심이 있는 학생들이 쇠베니의 집을 방문하면 당시의 금서(禁書)들도 빌려주곤 하였다. 학생들은 특히 제 2차 세계 대전 이후 미국으로 망명한 헝가리 작가 마러이 샨도르[40]와 1950년대에 외국으로 다시 망명한 헝가리 작가 펄루디 죠르쥐[41]의 작품들을 읽었다. 그 밖

---

39) Mihail Alexandrovich Solohov(1905-1984): 노벨문학상을 수상한 러시아 작가. 주요 작품으로는『고요한 돈 강』이 있다.

40) Márai Sándor(1900-1989): 헝가리 소설가, 신문기자. 엘떼(ELTE)대학교의 전신 법대에서 수학하다가 인문대학에서 학업을 마쳤다. 청년 신문기자 시절 공산주의자들에게 호감을 가지게 되어 좌파 일간지에 다수의 기사를 썼다. 1920년 초부터 서유럽에서 거주하다가 1920년대 말에 헝가리로 귀국하였고 1930년대에 헝가리에서 인정받는 작가로 자리매김하였다.

제 2차 세계 대전 후 1948년에 서유럽을 통해 미국으로 망명하였으며 사회주의시대의 저명한 헝가리 망명 작가 중 한 명으로 꼽힌다. 1989년에 자살로 생을 마감하였다.

41) Faludy György(1910-2006): 헝가리 시인, 문학 번역가. 부다페스트에서 고등학교를 졸업한 후 독일, 프랑스, 오스트리아에서 대학을 다녔다. 프랑스 고전시 번역 활동으로 헝가리에서 유명한 번역가로 부상하였다. 1938년에는 확산된 파시즘을 피해 프랑스를 거쳐 미국으로 망명하였다. 제 2차 세계 대전 당시 미군으로 참전하였다.

1946년에 헝가리로 귀국하였고 때마침 부상하고 있던 공산주의 세력에 의해 수감되었다. 1956년에는 공산주의를 피해 서유럽을 통해 캐나다로 망명하였으며 그의 저서들은 사회주의시대에 금서로 지정되었다.

에도 저명한 러시아 소설가 솔제니친의 스탈린 시대를 비판하는 소설인『이반 제니소비치의 하루』도 읽을 수 있었다.

유하스에 의하면 은사였던 쇠베니는 비록 공산주의체제와 소련을 좋아하지 않더라도 러시아어 공부는 싫어하지는 말라고 학생들에게 조언하였다. 당시에는 헝가리의 모든 초등학교의 필수 외국어 과목으로 러시아어가 지정되어 있었다. 대부분의 헝가리 학생들은 러시아어 공부를 매우 싫어하였으며 러시아어 공부를 게을리 하는 것으로 정치제제에 대한 불만을 표출하기도 하였다. 쇠베니는 푸시킨과 도스토예브스키의 작품의 언어를 소련과 연관시키지 말 것을 학생들에게 당부하였다. 유하스는 고등학교를 졸업하기 전에 쇠베니로부터 현재 루마니아 영토에 속한 트란실바니아(헝가리어 지명: Erdély, 에르데이)에 살고 있는 저명한 헝가리 작가 슈퇴 언드라쉬[42]의 작품집을 선물로 받았다고 한다.[43] 당시는 해외에 거주하는 헝가리 지식인들의 서적들을 접하기가 매우 어려웠던 시기였다.

쇠베니는 교단에서 은퇴하기 직전 '어러니 야노쉬 어학원'에서 일본어 강사로도 활동하였으며 정년퇴직 후에는 정부 산하 교육기관인 국립예비어학원(Nemzetkozi Előkészítő Intezet)에서 헝가리정부 장학생으로 초청된 북한 유학생들에게 단기간 헝가리어를 가르쳤다. 이때 그의 동료로서 함께 북한 유학생들을 가르쳤던 교사가 쇠베니와 마르톤피

42) Sütő András(1927-2006): 루마니아의 헝가리 소수민족 출신 작가. 루마니아의 북서쪽에 위치한 트란실바니아 지방에서 연극 감독 분야를 수학하였으나 첫 직업은 신문기자였다. 1980년대 초부터 1980년대 말까지 루마니아의 공산독재가 슈퇴의 저서 출간을 금지하고 기존에 출간된 저서들을 퇴출하자 그의 작품들은 헝가리에서만 출간되었다.

43) 유하스 죠르쥐,『보상』, Hitel, 2012년 11월, 부다페스트, 86쪽(원제: Kárpótlás)

페렌츠를 이어 헝가리 한국학의 중요한 인물인 오슈바트 가보르[44] 교수이다.

학문적 업적보다 정치적 입장이 중요했던 시대에 활동해 안타깝게도 제대로 평가받지 못한 쇠베니는 오랜 지병으로 1980년에 세상을 떠났다. 그러나 북한 주재 문화관으로서, 그리고 한국학 전문가로서 언어, 역사, 문학, 예술 분야에 걸친 폭넓은 연구 활동을 비롯해 북한 사회의 각계 각층의 인물들과 교제하며 남긴 소중한 기록들을 통해 쇠베니의 한국학에 대한 애정과 따뜻한 시선을 느낄 수 있다.

44) Osváth Gábor(1946-): 헝가리 언어학자, 한국학 학자. 엘떼(ELTE)대학교에서 헝가리어학, 러시아어학과를 졸업한 후 1970년부터 1972년까지 평양의 김일성 종합대학에서 수학하였다. 부다페스트 대외무역대학에서 사회주의체제 전환 이후 헝가리에서 한국어교육을 최초로 시작하였다. 한국 시조와 단편소설을 다수 헝가리어로 번역하였다.

제2장

북한 유학생들의 교사(1951~1954)

Az észak-koreai vendégdiákok tanára(1951-1954)

김일성초등학교

1950년 6월 25일, 한국전쟁이 발발하자 여러 사회주의 국가의 중앙통신사들은 미국과 남한이 전쟁을 시작했다고 대대적으로 보도하였다. 중화인민공화국을 비롯한 중앙유럽 사회주의국가들은 본격적으로 북한 지원 운동을 시작하였다. 특히 헝가리에서는 헝가리 평화협회와 헝가리 민주여성동맹이 주도적으로 북한과 북한 고아들 지원 운동을 조직 및 운영하였다.

1951년 11월, 총 200명의 다양한 연령대의 북한 고아들이 부다페스트에 도착하였다. 남학생158명과 여학생42명으로 구성된 이들을 위해 부다페스트의 '자유의 산'[1]에 위치한 빌라를 개조한 건물에 김일성

1) 헝가리어로 '서버챠그 헤쥐(Szabadság-hegy)'. 부다편에 위치해 있으며 현재는 '슈바브헤지(Svábhegy)'로 불린다.

부다페스트에 있는 김일성초등학교의 현재 모습(출처: 초머 모세)

초등학교[2]가 설립되었다. 이 건물에는 기숙사도 딸려 있었다.[3]

북한 학생들 중에는 한국전쟁에 참전했던 학생들도 있었다. 헝가리 평화협회에서 발행된 잡지 〈투쟁하는 코리아에 대해 이야기하는 영웅들, 시인들, 그리고 아이들〉에서는 빨치산으로 활동한 소년 김영한[4]이 자세히 소개되었다. 김영한은 유격대와 함께 숲에서 은신하던 중 미군들로부터 식료품 통조림을 탈취해 먹었으며, 기관총으로 미군 18

2) 김일성초등학교(Kim Ir Szen Általános Iskola). 북한식 명칭은 '김일성학원'이다.

3) 헝가리 공문서 보관소, MNL XIX-J-1-k-1945-1964-Korea-17/d 8. doboz.

4) 김영한으로 추정되나 김연한일 가능성도 있다.

수업 중인 쇠베니와 박찬우(출처: 〈투쟁하는 코리아에 대해 이야기하는 영웅들, 시인들, 그리고 아이들〉)

명을 사살하였다.[5] 이 잡지에 함께 소개된 소년 박찬우는 남한 출신으로 부친은 1949년에 이승만 정부에 대항해 투쟁 중 사망하였다. 박찬우는 14살의 나이로 빨치산으로 활동을 시작하였는데 북한 정부는 그의 용맹함을 높이 평가해 훈장을 수여하였다. 박찬우는 김일성초등학교의 소년단장으로 활동하면서 이 훈장을 항상 패용하였다.[6]

김일성초등학교의 북한 교사들은 북한에서 가져 온 교재로 국어, 문학, 수학, 역사, 지리학 등을 가르쳤다. 교재가 매우 부족했기 때문에 학생들은 열심히 필기를 하였다. 북한 학생들은 헝가리 교사들로

5) 〈투쟁하는 코리아에 대해 이야기하는 영웅들, 시인들, 그리고 아이들〉, 헝가리 평화협회, 1952년, 부다페스트 (원제: Hősök, költők, gyerekek a harcoló Koreáról.)

6) 위와 같음.

김일성초등학교의 교무회의 모습(좌측에서 네 번째가 쇠베니 얼러다르, 왼쪽 중앙은 김월옥 교장)

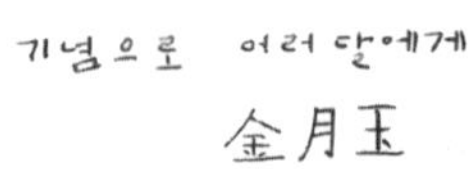

김일성초등학교의 김월옥 교장과 사진 뒷면의 메모

부터 헝가리어를 배웠으나 이들 사이에 의사소통의 어려움이 많았다. 러시아어를 구사하는 북한 교사가 한 명 있었지만 역부족이었다. 그러자 의사소통의 어려움을 해소하기 위해 헝가리 정부는 일본학을 전공하고 일본어를 유창하게 구사하는 쇠베니 얼러다르를 김일성초등학교에 헝가리어 교사로 투입하였다.

북한 학생들을 위한 헝가리어 문법책

쇠베니가 김일성초등학교에서 처음 헝가리어를 가르칠 당시에는 적당한 헝가리어 문법 교재가 없었다. 따라서 쇠베니와 동료 여교사들은『북한 학생들을 위한 헝가리어 문법책』2 권을 공동 집필하였다. 이 문법책은 총 70과로 구성되어 있는데 각 과의 마지막 부분에는 본문에 나오는 한국어 단어를 비롯해 헝가리 여교사들이 수업 중에 자주 사용하는 어휘들을 라틴문자로 수록하였다. 2권 말 부록에는 헝가리어 및 한국어 단어 목록을 수록해 사전의 역할을 할 수 있게 하여 헝가리어를 배우는 북한 학생들뿐만 아니라 그들을 가르치는 헝가리 교사들에게도 매우 유용한 교재였다.

이 책은 다수의 삽화가 수록되어 있을 뿐만 아니라 북한 학생들이 친근하고 흥미로운 주제를 통해 헝가리어를 배울 수 있도록 구성되어 있는 것이 특징이다. 비교적 짧은 〈읽기〉의 내용은 주로 북한 학생들과 헝가리 학생들이 함께 지방으로 소풍을 가거나 벌러톤 호수[7]에서 함께 보낸 여름 방학에 대한 이야기, 소년단기차[8] 탑승을 비롯해 한국

7) 벌러톤(Balaton). 헝가리 최대 규모의 호수.

8) Úttörővasút. 1947년부터 1950년대 초까지 건설되었다. 기관사를 제외한 만 7

1950년대 초 부다 지역에 건설된 소년단기차(출처: Fortepan)

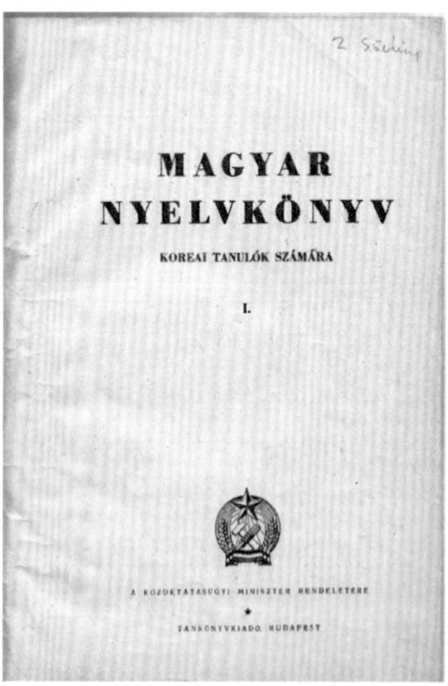
MAGYAR
NYELVKÖNYV
KOREAI TANULÓK SZÁMÁRA
I.

A KÖZOKTATÁSÜGYI MINISZTER RENDELETÉRE
TANKÖNYVKIADÓ BUDAPEST

북한 학생들을 위해 출판된 헝가리어 문법책 표지

세에서 만14세 사이의 어린이들이 제복을 입고 매표, 검표, 철로선 변경, 기차 출발 신호 등 기차 운행 전반을 담당하고 있다. 학업 성적이 우수한 모범 학생들의 신청을 받은 후 소정의 교육을 거쳐 1주일에 하루 학교를 결석하고 근무한다. 사회주의체제 시에는 학생들의 모집 경쟁이 치열했으며 소년단기차 근무를 매우 자랑스럽게 생각하였다. 현재는 어린이기차(Gyermekvasút)로 불린다.

전쟁과 소련에 관한 이야기가 포함되어 있다.

『북한 학생들을 위한 헝가리어 문법책』이 완성되기까지 많은 어려움이 있었으나 헝가리 교사들의 지속적인 노력의 결실로 문법책 1권은 1953년 5월에 출판되었고, 2권은 1953년 7월에 각각 330부씩 출판되었다.[9)]

현지 학교로의 전학

여러 관계자들의 노력에도 불구하고 헝가리 외무부의 1952년 6월 자료에 의하면 첫 학기를 마친 김일성초등학교의 효율성에 대한 헝가리 교육부의 평가는 그다지 좋지 않았다. 북한 학생들은 대체로 성적이 좋은 편이었으나 헝가리어를 매우 힘들어 했기 때문이었다. 여름방학이 되어 북한 학생들이 벌러톤 호수로 단체 여행을 가 있는 동안 헝가리 교육부와 북한 대사관은 학생들의 헝가리어 학습 능력을 향상시킬 수 있는 방법을 모색하였다.

결국 9월에 시작되는 새 학기부터 학생들을 학급별로 서너 명씩 나누어 인근의 여러 현지 초중고등학교로 전학시켜 학업을 지속하도록 결정되었다. 헝가리 노동자당과 헝가리 외무부도 이러한 결정을 전격 수용하였다. 서둘러 조직된 교사위원회는 북한 학생들의 효율적인 헝가리어 학습을 위해 각 학급의 북한 학생 수용 인원을 최대 10명으로 제한하는 한편 이들을 전학시킬 만한 가까운 거리에 위치한 초등학교를 알아보았다.

---

9) Kovács Dezsőné – Sövény Aladár – Supka Ilona, 『Magyar nyelvkönyv. Koreai tanulók számára. I-II.』, Tankönyvkiadó, 1953년, 부다페스트.

9월이 되자 여름 방학을 보낸 북한 학생들은 연령대에 맞춰 배정된 헝가리의 초등학교 및 중고등학교[10]에서 새학기를 시작하였다. 학생들이 인근의 학교로 모두 전학을 가게 되자 그 동안 북한 학생들의 배움터로 사용되던 김일성초등학교는 기숙사로만 사용하게 되었다. 쇠베니도 북한 학생들을 따라 페퇴피 샨도르 고등학교로 근무지를 옮겼다. 당시 사회주의국가의 중고등학교에서는 러시아어가 제1외국어로 필수 과목이었지만 북한 학생들은 헝가리어 학습을 위해 특별히 러시아어 수업을 면제받았다. 페퇴피 샨도르 중고등학교에 배정된 북한 학생들의 헝가리어 교사는 쇠베니와 소설가이자 시인으로 유명한 네메쉬 너지 아그네쉬[11]였다. 네메쉬는 회고록에 북한 학생들에 대해 언급하기도 하였다.

헝가리 교육부는 기본적인 언어 교육을 받고 현지 학교에 보내진 북한 학생들이 헝가리 학교에 적응하지 못할까 봐 우려하였다. 그러나 이는 기우에 불과하였다. 당시의 문서에는 헝가리 외무부 동아시아부장의 다음과 같은 기록이 남아 있다.

> 북한 학생들은 현지 학교에서 기대 이상으로 공부를 잘 하고 있다. 그들은 매우 부지런하며 헝가리 학교에 잘 다니고 있다. 헝가리 학생들은 북한 친구들과 잘 지내며 헝가리어 발음이 이상하다고 놀리는 일도 없다.

---

10) 당시 헝가리 교육시스템은 초등학교 8년, 중고등학교가 4년 과정이었다. 초등학교 졸업 후 4년 과정의 인문계 고등학교인 김나지움(gimnázium)이나 전문학교(technikum)를 선택할 수 있었다. 현재는 6년 과정의 중고등학교도 있다.

11) Nemes Nagy Ágnes(1922-1991): 헝가리 여류 시인, 고등학교 교사. 엘떼(ELTE)대학교의 전신 파즈마니 페테르 대학교에서 헝가리어학, 라틴어학, 미술사를 전공하였다. 1945년부터 다수의 시를 발표하였으며 독일과 프랑스 문학작품들을 헝가리어로 번역하였다.

헝가리 교사들이 북한 학생들을 열심히 돌본 덕에 이런 좋은 결과가 나왔다. 오히려 중고등학생들이 힘들어 하고 있다. 헝가리 중고생과 동일한 과목들을 배우면서 수업을 따라가야 하기 때문이다.[12)]

헝가리 외무부 동아시아부장뿐만 아니라 헝가리 평화협회도 북한 학생들의 헝가리 생활 적응을 매우 긍정적으로 평가하였다. 헝가리평화협회의 잡지 〈투쟁하는 코리아에 대해 이야기하는 영웅들, 시인들, 그리고 아이들〉에서는 헝가리 생활에 잘 적응하고 있는 북한 학생들에게 헝가리는 제 2의 조국이 되었다고 낙관하였다. 실제로 북한 학생들이 영화관이나 극장에서 현지인들로부터 박수로 환영을 받는 경우가 종종 발생하는 한편 헝가리의 여러 지방에서 김일성초등학교 학생들에게 각종 선물과 편지를 정기적으로 보내기도 하였다.[13)]

그러나 페퇴피 샨도르 고등학교 교사들이 남긴 회고록과 보고서는 앞서 언급한 북한 학생들에 대한 낙관론을 다소 수정한다. 쇠베니와 함께 근무한 교사 네메쉬의 회고록에 의하면 헝가리 학생들은 북한 반 친구들을 그다지 달가워하지 않았다. 이들 사이에 싸움이나 다툼이 빈번했으며 언제나 시작은 헝가리 학생들이었다. 근본적인 원인은 북한 학생들에 의해 역차별을 당하는 헝가리 학생들에게 있었다. 북한 학생들은 수업 초반에 교사의 질문에 대답을 잘 못해도 좋은 점수를 받았으나 헝가리 학생들의 실력은 매우 엄정하게 평가되었기 때문이었다. 또한 북한 학생들이 헝가리 정부로부터 의복과 학용품을 제

12) 헝가리 공문서 보관소, XIX-J-1-k-1945-1964-Korea-17/d 8. doboz.

13) 〈투쟁하는 코리아에 대해 이야기하는 영웅들, 시인들, 그리고 아이들〉, 헝가리 평화협회, 1952년, 부다페스트 (원제: Hősök, költők, gyerekek a harcoló Koreáról.)

공받는 것을 시샘하기도 하였다.[14)]

북한 학생들의 헝가리 생활 적응기

북한 학생들의 헝가리 생활 적응과 관련된 흥미로운 이야기들은 1953년에 작성된 쇠베니의 보고서에 잘 나타나 있다. 북한 학생들은 헝가리에 살면서 불편한 점들이 있음에도 불구하고 늘 사려 깊게 행동하였다.[15)] 쇠베니는 북한 학생들이 동일한 사회주의 국가인 헝가리에서 언어뿐만 아니라 동서양의 문화적 이질성을 겪는 과정을 지켜보며 이를 잘 극복할 수 있도록 돕는 조력자로서의 역할도 하였다.

쇠베니는 헝가리 사람들이 거리에서 북한 학생들을 주시하며 또한 단체로 몰려다니는 그들이 똑같이 생겼다고 생각하는 것도 싫어했을 것이라고 짐작하였다. 북한 학생들은 헝가리 사람들이 다른 사람들과 거리낌 없이 자유롭게 대화하는 것을 이상하게 생각했으며 헝가리어의 격식체 사용 대상이 다른 것을 적응하지 못했다. 상대방의 나이나 지위 등에 따라 격식체와 비격식체를 구분해 사용하는 한국어와는 달리 친분 관계에 따라 비격식체를 사용하기도 하는 헝가리어는 북한 학생들에게 생소했을 것이다. 동양 문화권에서 자란 북한 학생들이 이웃집 할아버지나 선생님에게 반말을 하는 것은 쉽지 않았을 뿐만 아니라 이해하기조차 힘들었을 것으로 보인다.

---

14) 네메쉬 너지 아그네쉬, 『카인, 아벨, 고등학교』, Osiris Kiadó, 2004년, 부다페스트, 169쪽-172쪽. (원제: Káin, Ábel, gimnázium. 단편소설집 원제: Az élők mértana 2권)

15) 「북한 유학생들의 교육에 관한 몇 가지 사실」, 1953년 11월 21일, 부다페스트.

쇠베니와 페퇴피 샨도르 중고등학교 학생들(윗줄 중앙)

쇠베니는 북한 학생들이 헝가리 문화에서 차지하는 기독교의 중심적 역할을 이해하지 못했다고 보고서에 기록하였다. 부다페스트에 왜 성당이 많은지, 헝가리의 저명한 19세기 시인 페퇴피 샨도르의 시에 하느님과 천국이 자주 등장하는 이유 또한 이해 불가였다. 혁명 시인과 기독교는 전혀 어울리지 않기 때문이었다.

한편 헝가리와 북한의 문화적, 관습적 차이로 말미암아 북한이 헝가리보다 문화적으로 훨씬 높은 수준에 있기 때문에 헝가리에서 배울 것이 없다고 생각하는 몇몇의 북한 학생들도 나타났다. 다행히 이 문제는 이들의 그릇된 사고를 바로잡으려는 김일성초등학교의 북한 교사들의 노력에 힘입어 무난히 해결되었다.

이 밖에도 다수의 북한 학생들이 매우 내성적이었던 것도 어려움으로 작용하였다. 헝가리 교사들은 이러한 동양인 학생들을 어떻게 다뤄야 할 지 난감해 하였다. 쇠베니는 북한 학생들이 내성적인 원인을 세 가지로 분석하였다. 첫째는 한국인들이 유구한 역사 속에서 끊임없는 외세의 침략을 받아 외국인에 대한 부정적인 경험을 많이 겪었기 때문에 한국인들은 외국인에 대한 두려움을 가지고 있다. 두 번째 이유는 외국인을 혐오하는 소수의 현지인들이 북한 학생들에게 소리를 지르는 것을 가끔 경험했기 때문이었다. 세 번째 이유는 북한 학생들이 거리에서 언어와 문화가 다른 현지인들로부터 조롱과 비웃음을 당할 까봐 늘 노심초사하였기 때문이다.

쇠베니의 보고서에는 언급되어 있지 않지만 당시 수백 명에 달하는 북한 유학생들은 헝가리에 등장한 첫 동아시아 공동체였다. 헝가리인들은 뉴스와 각종 소식들을 통해 북한 학생들이 헝가리 정부로부터 모든 물품를 무상으로 제공받는다는 사실을 잘 알고 있었다. 자신들은 어려운 형편에도 돈을 줘야 살 수 있는 물건들을 북한 학생들은 모두 무료로 받을 수 있었기 때문에 이들을 시기하는 사람들도 있었다. 이러한 시기심과 불만이 밖으로 표출되어 길거리에서 북한 학생들을 향해 소리지르는 헝가리 사람들이 더러 존재했던 것이다.

북한 학생들은 자신들의 오랜 관습을 이미 잊어버렸지만 현지 관습은 아직 잘 알지 못하고 제대로 적응하지 못해 어중간한 상태에 있었다. 그들은 헝가리 문화를 받아들이고 현지인들처럼 행동하고 싶어 하였다. 쇠베니는 이러한 북한 학생들을 위해 좋은 방법을 강구하다가 그 동안 북한 학생들끼리만 어울리던 것을 헝가리 학생들과 섞여 어울리게 하는 해결책을 마련하였다. 가능하면 더 자주 헝가리 학생들과 함께 소풍을 간다거나 연극을 보거나 또는 축구 시합을 함께 하는 것도 좋은 방법이라고 생각하였다.

북한 학생들은 역사극에 많은 흥미를 보였다. 실제로 셰익스피어의 율리우스 카이사르 공연 관람 후 다소 차분한 반응을 보인 헝가리 학생들과는 달리 북한 학생들은 큰 감동을 받았다. 쇠베니에 따르면 북한 학생들은 헝가리 학생들과 비슷한 열네댓 살에 불과했지만 훨씬 더 어른스러웠다. 쇠베니는 이러한 북한 학생들에게 신뢰감을 줄 수 있도록 행동하는 것이 중요하다고 헝가리 교사들에게 역설하였다. 또한 쉬는 시간에는 북한 학생들에게 다가가 대화할 것을 권유하였는데 이때 학생의 부모인양 대하지 말 것을 조언하였다. 북한 학생들은 교사들이 자신의 부모처럼 행동하는 것을 바라지 않기 때문이었다. 따라서 쇠베니는 북한 학생들 부모의 빈자리를 대신 채우려 하지 말고 교사로서 제자에 대한 사랑을 전달해야 한다고 주장하였다. 또한 학생들의 국적과 상관 없이 동등하게 그들을 사랑하고 엄격하게 대해야 한다고 강조하였다.

쇠베니는 페퇴피 샨도르 고등학교의 수업시간에 활용할 수 있는 좋은 방법도 고안하였다. 담임 선생님의 수업 시간에 북한 학생들이 한 명씩 돌아가면서 자신의 조국에 대해 발표를 하는 것이었다. 이 방법은 쉬는 시간에 헝가리 학생들과 북한 학생들이 자연스럽게 섞여서 대화하며 놀게 하는 매우 성공적인 결과를 가져왔으며 가끔 북한 학생들끼리 헝가리어로 대화하는 경우도 있었다.[16)]

최초의 헝한사전

쇠베니는 김일성초등학교에서 근무하는 동안 북한 학생들과 함께 최초의 헝가리어-한국어 사전인 웽조사전을 준비하기 시작하였다. 웽조사전 초판은 1953년 3월에 완성되었는데 한글 단어들은 필사본으로 만든 후 헝가리어 부분은 등사기로 찍어 냈다.

---

16) 「북한 유학생들의 교육에 관한 몇 가지 사실」, 1953년 11월 21일, 부다페스트.

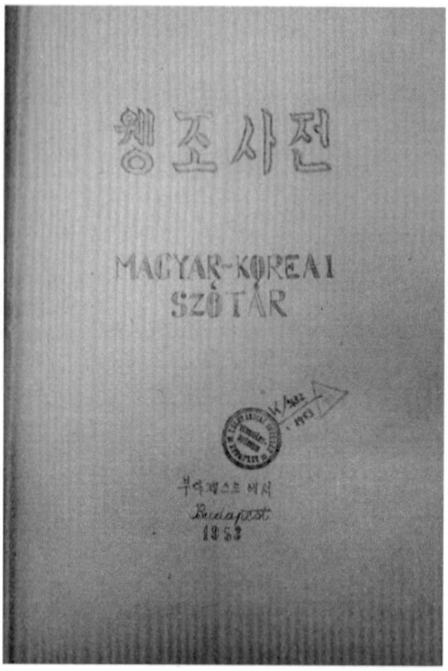

최초의 헝가리-한국어사전인 『웽조사전』 초판(엘떼대학교 동아시아학부)

몇 년 전 저자와 인터뷰를 한 북한 유학생 출신 림정동 옹은 헝가리에서 1953년부터 3년 간 유학하는 동안 이 웽조사전 초판을 사용하면서 공부했다고 회상하였다. 헝가리에 도착한 모든 북한 학생들은 웽조사전을 한 권씩 받았으며 헝가리에서 유학하는 동안 요긴하게 사용했다고 한다.[17)]

림정동 옹은 1956년 헝가리 혁명 실패 이후 서유럽으로 망명해 성공적인 의사가 된 인물이다. 그는 북한에서 헝가리로 유학 온 당시로부터 정확히 60년이 지난 2013년 가을에 다시 헝가리를 방문하였다. 이때 저자의 초청으로 부다페스트 엘떼대학교의 한국학과를 방문해 웽조사전 초판과 재회하였다. 60년 전에 사용했던 사전과 똑같은 웽조사전을 살펴보는 림정동 옹의 얼굴에는 짙은 감회가 서려 있었다.

쇠베니는 웽조사전을 준비하면서 문학작품 번역 활동도 병행하였다. 그는 북한 시인들의 작품을 헝가리어로 번역했을 뿐만 아니라 자신의 학생들에게 시를 쓸 것을 제안해 헝가리어로 직접 번역하기도 하였다.

17) 저자와 북한 림정동 옹과의 인터뷰, 2012년 6월, 독일.
림정동 옹은 1950년대 중반 헝가리에서 수학한 북한 유학생 출신으로 헝가리에서 전문학교에 다녔다. 1956년 말 헝가리 혁명 이후 서유럽으로 망명하였다. 인터뷰 전문은 2013년에 지문당에서 간행된 저자의 〈헝가리 부다페스트로!〉에 수록되어 있다.

저자와 엘떼대학교 한국학과를 방문한 림정동 옹(2013년, 출처: 초머 모세)

총 6명의 북한 학생들이 지은 자작시들은 〈인민의 소리〉 (Népszava), 〈자유의 땅〉(Szabad Föld), 〈여성주간지〉(Nők Lapja), 〈소년단〉(Úttörő) 및 〈단짝〉(Pajtás) 등 헝가리의 여러 언론에 소개되었다. 가장 많은 시를 지은 호문철 학생은 태백산맥에서의 빨치산 활동, 헝가리에서 보낸 어린이날, 벌러톤 호수로의 여행 등 다양한 주제로 여러 편의 시를 지었다. 김천우 학생 또한 많은 시를 지었는데 한반도 평화의 중요성을 역설하는 「한반도에 평화를!」이 대표적이다.[18]

그러나 안타깝게도 쇠베니의 유품에는 당시 북한 학생들이 직접 쓴 시의 원본은 거의 남아 있지 않다. 열세 살 소년 최용훈의 「나는 평화를 위하여 배운다」, 그리고 열네 살 소녀 박정자의 「나의 조국」 등 원본 2편 만이 남아 있을 뿐이다.[19]

---

18) 「Békét Koreának!」, Nők Lapja, 1953년 8월 7일자.
19) 〈Az én hazám〉, Nők Lapja, 1953년 8월 7일자.

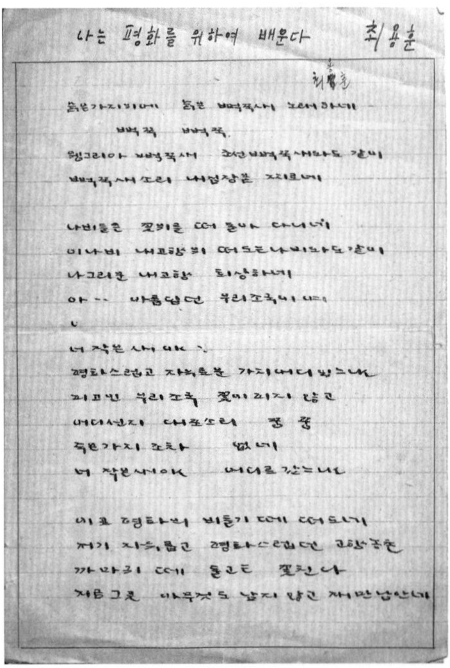

나는 평화를 위하여 배운다 최용훈

최용훈

늙은가지위에 늙은 뻐꾹새 노래하네
뻐꾹 뻐꾹.
웽그리아 뻐꾹새 조선뻐꾹새와도 같이
뻐꾹새소리 내심장을 찌르네

나비들은 꽃밭을 떠 돌아 다니네
이나비 내고향의 떠도든나비와도같이
나그리운 내고향 회상하네
아-- 아름답던 우리조국이여

너 작은 새야 -.
평화스럽고 자유로운 가지에 더 앉느냐
피끓던 우리조국 꽃이피지 않고
어디선지 대포소리 쿵 쿵
죽은가지 조차 없네
너 작은새야 어데로 가느냐

이제 평화의 비둘기 떼에 떠도니
저기 자유롭고 평화스럽던 고향곳은
까마귀 떼 들고든 쫓친다
지금 그곳 아무것도 남지 않고 재만남았네

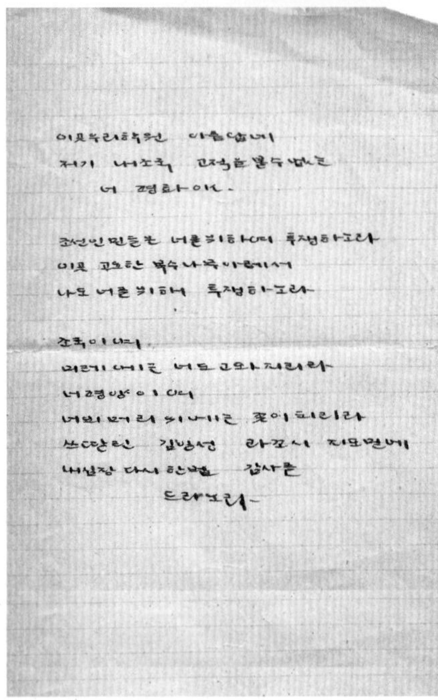

이곳우리학원 아름답네
저기 내조국 고적을 볼수없는
너 평화야.

조선인민들은 너를위하여 투쟁하노라
이곳 고요한 복수나무아래에서
나도 너를위하여 투쟁하노라

조국이여.
머지에는 너도 고와지리라
너평양이여
너의머리 위에는 꽃이되리라
스딸린 김일성 라꼬시 지도밑에
내심장 다시 한번 감사를
드리노라.

북한 유학생 최용훈과 자작시 「나는 평화를 위하여 배운다」 1, 2면

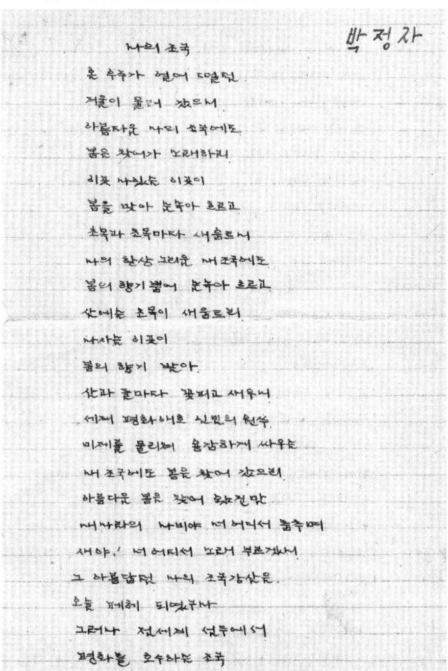

나의 조국

박정자

온 우주가 얼어 떨던
겨울이 물러 갔으니
아름다운 나의 조국에도
봄은 찾아가 노래하리
이곳 나있는 이꽃이
봄을 맞아 눈녹아 흐르고
초목과 초목마다 새움트니
나의 항상 그리운 새조국에도
봄의 향기 뿜어 눈녹아 흐르고
산에는 초목이 새움트리
나사는 이꽃이
봄의 향기 받아
산과 들마다 꽃피고 새우니
세계 평화애호 인민의 원수
미제를 물리쳐 용감하게 싸우는
새 조국에도 봄은 찾아 갔으리
아름다운 봄은 찾아 왔건만
새나라의 나비야 너 어디서 춤추며
새야,! 너 어디서 노래 부르겠니
그 아름답던 나의 조국강산은
오늘 폐허 되였구나
그러나 전세계 선두에서
평화를 호수하는 조국

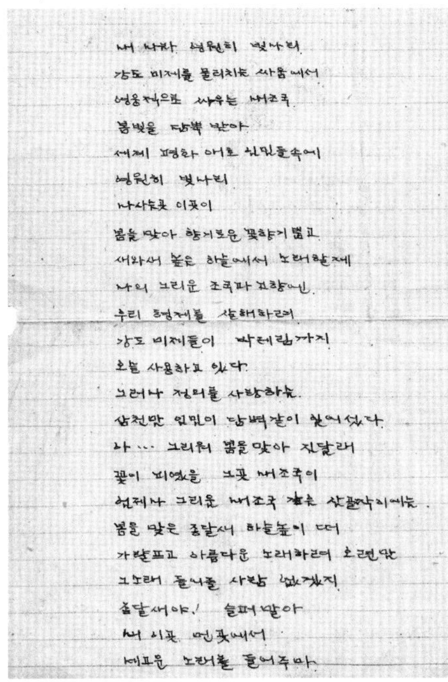

새 나라 영원히 빛나리
강도 미제를 물리치는 싸움에서
영웅적으로 싸우는 새조국
봄빛을 담뿍 받아
세계 평화 애호 인민들속에
영원히 빛나리
나사는곳 이꽃이
봄을 맞아 향기로운 꽃향기 뿜고
새와새 높은 하늘에서 노래할제
나의 그리운 조국과 고향에선
우리 형제를 살해하려
강도 미제들이 빠져갈까지
오늘 사용하고 있다.
그러나 정의를 사랑하는
삼천만 인민이 담벽같이 일어섰다.
아… 그리워 봄을 맞아 진달래
꽃이 피였을 그곳 새조국이
언제나 그리운 새조국 깊은 산골짜기에는.
봄을 맞은 종달새 하늘높이 떠
가냘프고 아름다운 노래하려 오련만
그노래 들어줄 사람 없겠지
종달새야! 슬퍼 말아
새 이곳 먼곳에서
예쁜 노래를 들어주마.

북한 유학생 박정자와 자작시 「나의 조국」 1, 2면

제3장

북한 주재 헝가리 문화관(1954년~1956년)

Kulturális attaséként Észak-Koreában (1954-1956)

문화관 초기의 생활

쇠베니는 1954년에 최초로 자신의 연구 분야인 한반도를 외교관 신분으로 방문하였다. 북한 생활 초기의 몇 달 동안은 거의 매일 부인 요브 클라라에게 편지를 보내 북한에서의 생활을 전했다. 당시 북한 주재 외교관들에게 외부 세계와의 유일한 소통의 창구는 대사관에서 사용하는 무선송신기와 해외 우편물이었다. 이러한 상황 속에서 쇠베니는 부다페스트 소식을 기다리며 부인에게 다수의 편지를 보냈다.

이번 주에는 편지를 받지 못했소. 다른 사람들도 받지 못했소. 어딘가에서 문제가 있었나 보오. 우리는 좀 슬프긴 했지만 서로 처지가 비슷해서 견딜 수 있었소. 그리고 머지않아 편지를 받을 수 있기를 고대하고 있소. 오늘 오후에는 시내에서 산책을 하다가 갑자기 하늘을 나는- (평양에)

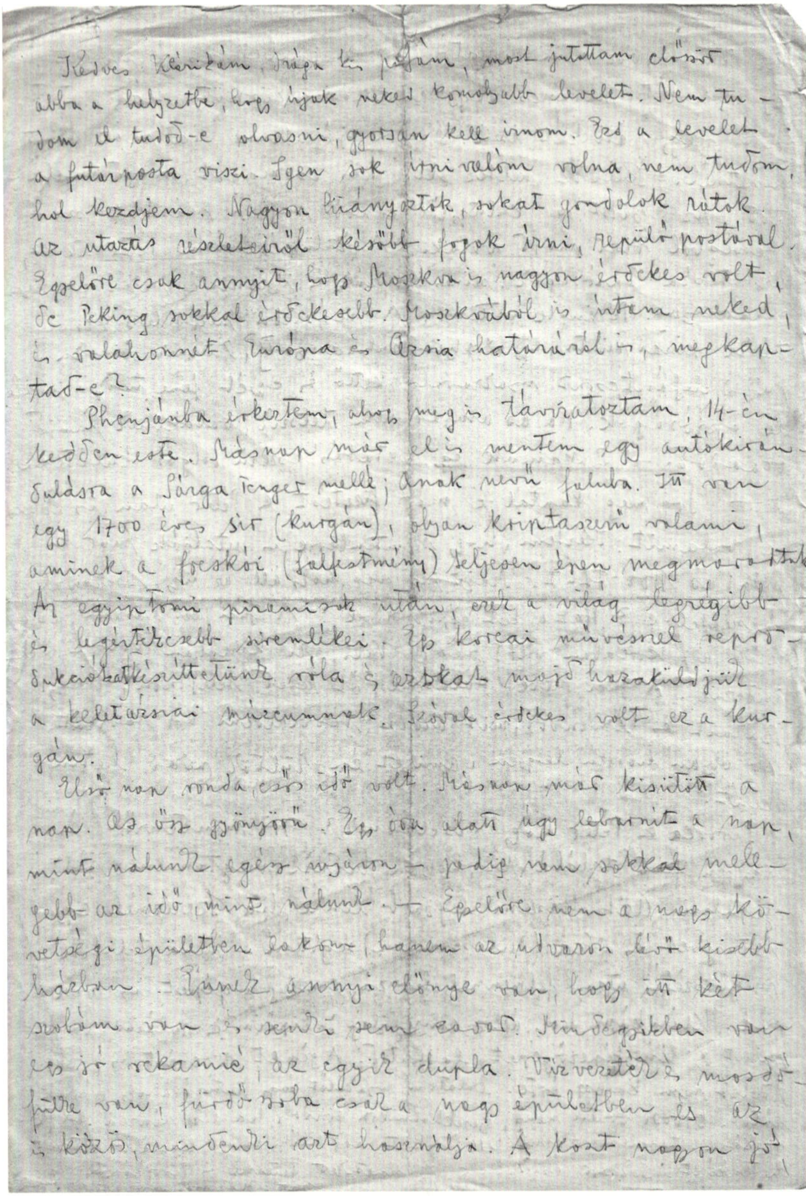

Kedves Klárikám, drága kis pofám, most jutottam először
abba a helyzetbe, hogy írjak neked komolyabb levelet. Nem tu-
dom el tudod-e olvasni, gyorsan kell írnom. Ezt a levelet
a futárposta viszi. Igen sok írnivalóm volna, nem tudom,
hol kezdjem. Nagyon hiányoztok, sokat gondolok rátok.
Az utazás részleteiről később fogok írni, repülő postával.
Egyelőre csak annyit, hogy Moszkva is nagyon érdekes volt,
de Peking sokkal érdekesebb. Moszkvából is írtam neked,
is valahonnét Európa és Ázsia határáról is, megkap-
tad-e?

Phenjanba érkeztem, ahogy meg is táviratoztam, 14-én
kedden este. Másnap már el is mentem egy autókirán-
dulásra a Sárga tenger mellé; Anak nevű faluba. Itt van
egy 1700 éves sír (kurgán), olyan kriptaszerű valami,
aminek a freskói (falfestmény) teljesen épen megmaradtak.
Az egyiptomi piramisok után, ezek a világ legrégibb
és legértékesebb síremlékei. Egy koreai művésszel repro-
dukciókat készíttetünk róla és ezeket majd hazaküldjük
a keletázsiai múzeumnak. Szóval érdekes volt ez a kur-
gán.

Első nap ronda, esős idő volt. Másnap már kisütött a
nap. Az ősz gyönyörű. Egy óra alatt úgy lebarnít a nap,
mint nálunk egész nyáron — pedig nem sokkal mele-
gebb az idő, mint nálunk. — Egyelőre nem a nagy kö-
vetségi épületben lakom, hanem az udvaron levő kisebb
házban. Ennek annyi előnye van, hogy itt két
szobám van és senki sem zavar. Mindegyikben van
egy jó rekamié, az egyik dupla. Vízvezeték és mosdó
[illegible] van, fürdőszoba csak a nagy épületben és az
is közös, mindenki azt használja. A koszt nagyon jó,

쇠베니 얼러다르가 1954년 북한에 도착한 후 부인 요브에게 보낸 첫 번째 편지로 무사히 도착하였다는 안부와 고구려 무덤 안악 3호 방문에 관한 이야기 등을 담고 있다.

도착하는- 비행기를 보았는데 아마 내일쯤이면 편지를 받지 않을까 하는 생각을 해 보오.[1)]

쇠베니가 북한에서 근무하는 동안 헝가리에 있는 부인 요브에게 보낸 편지들은 한국전쟁 이후의 북한 내부 상황을 짐작할 수 있는 매우 중요한 단서이다. 따라서 이 편지들이 훼손되지 않고 고스란히 남아 있는 것은 쇠베니의 유가족에게 참으로 감사한 일이다. 저자는 수십 통에 달하는 쇠베니의 편지들을 내용과 주제에 따라 정리하면서 편지를 쓴 날짜 등은 각주에 따로 표시하였다. 약 다섯 통의 편지에는 편지를 쓴 정확한 날짜가 누락되어 있는데 본문의 내용으로 미루어 볼 때 월 단위의 대략의 시기를 추정할 수 있었다. 이러한 경우 시간적 순서로 분류하여 편지가 쓰여진 달을 기록하였으며 이때 정확한 날짜 대신 A, B, C, D, E로 표기하였음을 밝힌다.

현존하는 자료에 의하면 쇠베니는 1954년 8월 말에 부다페스트를 출발해 경유지인 모스크바에서 며칠 간 체류하였다. 처음 방문한 모스크바에서는 지하철을 타 보고 텔레비전을 처음으로 구경하였다. 쇠베니가 부인 요브에게 쓴 편지에는 생전 처음 본 텔레비전에 대해 자세히 언급하였는데 라디오 크기만한 텔레비전으로 집에서 오페라나 연극을 볼 수 있다며 매우 신기해 하였다.[2)] 모스크바에서는 기차로 북경으로 이동한 것으로 추정되며 북경에서도 며칠을 보냈다. 쇠베니는 모스크바보다 북경이 훨씬 더 흥미롭다고 생각하였다. 그 후 부인 요브에게 보낸 편지에는 북경은 물자가 풍족하고 모든 것이 싸다며 신기해 하는 모습이 잘 나타나 있다.

1) 쇠베니 얼러다르가 부인 요브에게 쓴 편지. 1954년 12월 25일.

2) 1954년 8월, 모스크바.

북경에는 신기한 것들이 참 많소. 남성용 실크 와이셔츠는 50포린트이고, 실크 잠옷은 100포린트이오. 나는 이런 저런 몇 가지를 샀소. 멋진 가운은 100포린트이고, 33포린트면 당신은 상상도 할 수 없는 낙타 털로 만든 이불도 살 수 있소. (중략)[3]

쇠베니는 모스크바와 북경을 경유해 1954년 9월 14일에 드디어 평양에 도착하였다. 당시 북한에서는 전후 복구 사업이 한창이었는데 이때 헝가리 정부도 다양한 방법으로 지원하였다. 헝가리 의료진을 파견해 사리원시의 라코시 마챠쉬 병원에서 부상자들과 환자들을 치료하게 하는 한편 평양의 복구 현장에는 헝가리 엔지니어들을 파견해 평양역 건설을 비롯해 현대적인 거리 조성, 건물 및 주택단지 건축 등 전후 복구 사업에 이바지하였다. 이때 제작된 다큐멘터리 영화에는 헝가리 엔지니어들에 대해서도 짤막하게 언급되어 있다.[4] 당시 중동유럽에서는 이미 시작된 탈 스탈린주의의 영향으로 북한과의 관계가 약화되기 시작하였지만 헝가리와 북한 간 정치적, 경제적, 문화적 교류는 여전히 활발하게 진행되고 있었다.

쇠베니가 문화관으로 근무하던 당시는 북한에 아직 강력한 독재정치가 시작되지 않은 시기여서 외국인들이 자유롭게 이동할 수 있었다. 따라서 쇠베니는 일제강점기에 일본이나 유럽에서 유학한 당시 북한의 대표적 지식인들과 자주 접촉할 수 있었고 이들 중에는 쇠베니와 개인적인 친분을 유지한 인물들도 있었다.

3) 1954년 9월, "E", 평양.

4) 「북한 문학 관련 소식들」. 1955년 6월 25일, 평양.

북한 주재 헝가리 대사관

쇠베니는 헝가리 대사관의 별관을 숙소로 사용하였다. 별관에는 방 2개와 세면대만 있었으며 유일한 욕실은 대사관 건물 내에 있었다. 쇠베니를 제외한 대사 가족을 비롯해 모든 헝가리 직원들은 대사관 건물에서 거주하였다.[5] 식사는 북한 요리사가 헝가리 사람들의 입맛에 맞게 준비하였다. 쇠베니는 음식이 매우 맛있고 매일 고기와 과일을

1950년대 중반의 주 평양 헝가리 대사관(출처: 거러이스키 이슈트반)

5) 1954년 9월, "A", 평양.

먹을 수 있다고 부인 요브에게 편지를 통해 전했다. 그러나 수돗물은 그냥 마실 수 있을 정도로 깨끗하지는 않아서 유리병에 담긴 광천수나 산딸기맛 음료수, 파인애플 주스 또는 맥주를 마셨다.[6)]

헝가리 대사관의 북한 현지 직원들은 집무실을 청소하고 외교관들과 가족들의 옷을 세탁하는 일뿐만 아니라 외교관들의 구두를 닦는 일도 하였다. 9월에 평양에 도착한 쇠베니는 아직 날씨가 더웠기 때문에 대사관 마당에 설치된 가로 5m, 세로 10m 크기의 수영장에서 수영을 하기도 하였다.[7)]

11월이 되어 날씨가 추워지자 쇠베니는 별관에서 대사관 건물로 숙소를 옮겼다. 부인 요브에게 쓴 편지에 의하면 히터가 너무 잘 작동되어 더워서 밤마다 창문을 조금 열어 놓아야 할 정도였다고 한다. 쇠베니가 거처를 옮긴 헝가리 대사관 건물 구조는 다음 편지에 잘 나타나 있다.

> 내 방은 대사관 건물에서 가장 크오. 방에는 아주 큰 창문이 하나 있고 큰 옷장이 있소. 소파 두 개, 원탁 하나, 더블침대, 작은 옷장, 서랍장, 라디오를 올려 놓은 작은 탁자도 있다오. 바닥 전체에는 내가 산 페르시아 스타일의 카페트가 깔려 있소. 벽에는 조선의 전통 그림들이 걸려 있는데 내가 수집한 것만 해도 벌써 열 점이나 되오. 제법 큰 조선 화병 하나와 일본 화병, 다른 조선 화병도 가지고 있소.[8)]

당시 주 북한 헝가리 대사관에는 대사를 포함해 총 3명의 외교관과

6) 1954년 9월, "B", 평양.

7) 위와 같음.

8) 1954년 12월 22일자, 평양.

헝가리인 타자수, 무선 통신 관리자, 집사 및 운전기사가 각각 1명씩 근무하였으며 외교관들의 부인이 총 4명 거주하였다. 헝가리 대사관의 근무 시간과 근무 일정은 비교적 느슨한 편이었다.

> 아침 8시에 근무를 시작하고 오후 1시에서 3시까지는 점심시간이오. 오후 3시부터 6시까지는 다시 일을 하오. 근무시간에는 일이 없어도 자리를 지켜야 하오. 대사관 마당에서 진지한 얼굴로 산책을 하거나 다른 외교관들과 잡담을 하는 일도 업무에 포함되오. 그러나 단 한 가지, 잠을 자면 안 되오. 근무시간의 절반을 시내에서 보내도 근무하는 것으로 간주되오. 차를 타고 어디론가 나갔다가 귀가한 뒤 무슨 일을 했는지 보고서 대여섯 줄을 쓰면 그만이오.(중략)[9]

문화관으로서의 활동

쇠베니는 문화관으로 근무하는 동안 북한의 문화 생활을 연구하면서 다수의 보고서를 작성하였다. 이 보고서들은 당시 북한의 문학을 비롯해 극장과 극예술, 조형 미술, 영화 제작 관련 실상을 파악할 수 있는 귀중한 자료이다. 한편 쇠베니가 한반도의 오천 년 역사를 연구하여 이를 토대로 단행본 역사서 출판을 계획했다는 사실이 그가 유품으로 남긴 자료들을 통해 밝혀졌다.

쇠베니는 문화관 본연의 임무인 헝가리 문화를 전파하는 데에도 중요한 역할을 하였다. 1955년 봄, 북한 주재 헝가리 대사관 주최로 '제

9) 1954년 9월, "B", 평양.

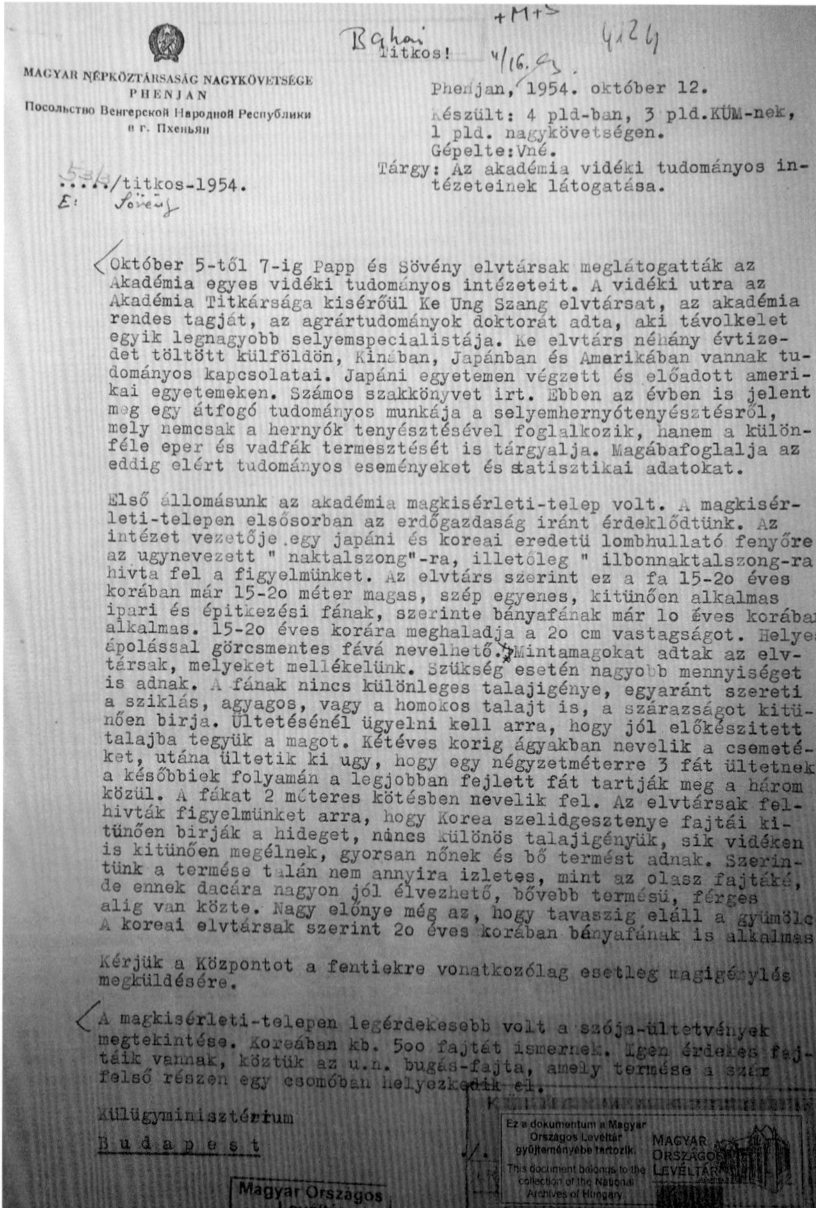

MAGYAR NÉPKÖZTÁRSASÁG NAGYKÖVETSÉGE
PHENJAN
Посольство Венгерской Народной Республики
в г. Пхеньян

Titkos!

Phenjan, 1954. október 12.
Készült: 4 pld-ban, 3 pld.KÜM-nek,
1 pld. nagykövetségen.
Gépelte:Vné.
Tárgy: Az akadémia vidéki tudományos intézeteinek látogatása.

...../titkos-1954.

Október 5-től 7-ig Papp és Sövény elvtársak meglátogatták az Akadémia egyes vidéki tudományos intézeteit. A vidéki utra az Akadémia Titkársága kisérőül Ke Ung Szang elvtársat, az akadémia rendes tagját, az agrártudományok doktorát adta, aki távolkelet egyik legnagyobb selyemspecialistája. Ke elvtárs néhány évtizedet töltött külföldön, Kinában, Japánban és Amerikában vannak tudományos kapcsolatai. Japáni egyetemen végzett és előadott amerikai egyetemeken. Számos szakkönyvet irt. Ebben az évben is jelent meg egy átfogó tudományos munkája a selyemhernyótenyésztésről, mely nemcsak a hernyók tenyésztésével foglalkozik, hanem a különféle eper és vadfák termesztését is tárgyalja. Magábafoglalja az eddig elért tudományos eseményeket és statisztikai adatokat.

Első állomásunk az akadémia magkisérleti-telep volt. A magkisérleti-telepen elsősorban az erdőgazdaság iránt érdeklődtünk. Az intézet vezetője egy japáni és koreai eredetü lombhullató fenyőre az ugynevezett " naktalszong"-ra, illetőleg " ilbonnaktalszong-ra hivta fel a figyelmünket. Az elvtárs szerint ez a fa 15-2o éves korában már 15-2o méter magas, szép egyenes, kitünően alkalmas ipari és épitkezési fának, szerinte bányafának már lo éves korában alkalmas. 15-2o éves korára meghaladja a 2o cm vastagságot. Helyes ápolással görcsmentes fává nevelhető. Mintamagokat adtak az elvtársak, melyeket mellékelünk. Szükség esetén nagyobb mennyiséget is adnak. A fának nincs különleges talajigénye, egyaránt szereti a sziklás, agyagos, vagy a homokos talajt is, a szárazságot kitünően birja. Ültetésénél ügyelni kell arra, hogy jól előkészitett talajba tegyük a magot. Kétéves korig ágyakban nevelik a csemetéket, utána ültetik ki ugy, hogy egy négyzetméterre 3 fát ültetnek, a későbbiek folyamán a legjobban fejlett fát tartják meg a három közül. A fákat 2 méteres kötésben nevelik fel. Az elvtársak felhivták figyelmünket arra, hogy Korea szelidgesztenye fajtái kitünően birják a hideget, nincs különös talajigényük, sik vidéken is kitünően megélnek, gyorsan nőnek és bő termést adnak. Szerintünk a termése talán nem annyira izletes, mint az olasz fajtáké, de ennek dacára nagyon jól élvezhető, bővebb termésü, férges alig van közte. Nagy előnye még az, hogy tavaszig eláll a gyümölcs. A koreai elvtársak szerint 2o éves korában bányafának is alkalmas.

Kérjük a Központot a fentiekre vonatkozólag esetleg magigénylés megküldésére.

A magkisérleti-telepen legérdekesebb volt a szója-ültetvények megtekintése. Koreában kb. 5oo fajtát ismernek. Igen érdekes fajtáik vannak, köztük az u.n. bugás-fajta, amely termése a szár felső részen egy csomóban helyezkedik el.

Külügyminisztérium
Budapest

쇠베니 얼러다르가 작성한 공식 외교 문서(출처: 헝가리 공문서 보관소)

2차 세계 대전 종전 및 헝가리 해방[10] 10주년을 기념해 다채로운 행사가 열렸다. 평양에서 열린 영화제에서는 〈키쉬 커털린의 결혼〉, 〈작은 동전〉, 〈즐거운 노동 경쟁〉 등 다양한 헝가리 영화가 소개되었다. 헝가리 대사관에서 특별 제작한 팜플렛에는 유명한 헝가리 소설가 커린티 페렌츠[11]의『부다페스트의 봄』과 시인 젤크 졸탄의「어느 소련군의 무덤에서」의 일부가 한국어로 번역되었다. 뿐만 아니라 평양의 라디오 방송에서는 헝가리와 관련된 여러 프로그램이 방송되었으며 평양 국립예술극장에서는 헝가리 작곡가들의 작품들로 음악회가 열렸다.[12] 1955년 6월 23일에는 지하고전예술극장에서 20세기 초 헝가리의 대표적 시인 요제프 어띨러[13]의 탄생 50주년 기념 행사가 개최되었다. 북한 소설가 박팔양[14]의 축사 후에는 18세기 초 헝가리 독립투쟁

---

10) 제 2차 세계 대전 말 소련군은 헝가리에 주둔하고 있던 독일군을 축출하였으며 공식적인 마지막 독일군의 퇴각일은 1945년 4월 4일이다. 따라서 당시에는 가장 중요한 국경일 중 하나였으며 '헝가리 해방일'로 불렸다.
그러나 마지막 독일군이 헝가리에서 퇴각한 날은 그 동안 알려져 왔던1945년 4월 4일이 아니라는 사실이 공산주의체제 몰락 이후에 밝혀졌다. 실제로 그해 4월 말까지 헝가리 서부 국경 지역에서 소련과 독일군의 전투가 있었다.

11) Karinthy Ferenc(1921-1992): 헝가리 작가.저명한 헝가리 작가 커린티 프리제쉬의 아들이다. 엘떼대학교의 전신 파즈마니 페테르 대학교에서 언어학 박사학위를 취득하였다. 헝가리 국립극장의 연출가로 활동하였고, 그 후 헝가리 일간지 〈서버드 넵〉과 〈머저르 넴제트〉의 기자로도 활동하였다. 1950년대 말부터는 다시 연출가로 활동하였다. 1955년에 작가 활동을 인정받아 코슈트 상을 수상하였다.

12)「북한 문학 관련 소식들」, 1955년 4월 4일, 평양.

13) József Attila(1905-1937). 20세기 초 저명한 헝가리의 시인. 가난한 노동자 집안에서 출생하여 불우한 가정 환경 속에서 자랐다. 10대 후반부터 시를 쓰기 시작하였고 20대 초반에는 문학계로부터 그의 작품들을 인정받았다. 요제프는 유럽의 파시즘화를 우려하였으며 공산주의자들과 친분을 유지하였다. 그 후 32세의 젊은 나이로 요절하였다.

14) 朴八陽(1905-미상): 시인, 평론가. 1925년에 서울청년회의 일원으로 카프에

을 다룬 영화 〈라코치 사령관의 중위〉가 상영되었다.[15)]

지하고전예술극장의 연회

지하고전예술극장은 평양 모란봉 아래에 한국전쟁 당시 건축되었는데 폭격 시에도 북한 최고 지도부 운영에 안전한 거처를 제공하기 위하여 지어졌다. 휴전 협정 이후부터는 지하의 대규모 행사실들의 용도를 변경하여 연극 공연을 위한 극장과 국가 중요 행사의 연회장으로 사용하였다.

쇠베니의 기록에 의하면 정확히 180개의 계단을 내려 가면 지하고전예술극장에 도착하게 되는데 행사실들은 매우 큰 규모였다. 중간 크기의 행사실도 축구 경기를 할 수 있을 정도의 규모였다고 한다.[16)] 지하고전예술극장에서의 연회 모습을 상세히 전하는 편지에는 머지않아 부인이 북한에 올 때를 대비해 연회가 어떤 것인지, 연회에서 어떻게 행동해야 하는지 미리 알려 주려는 쇠베니의 세심한 배려가 잘 드러나 있다.

> 우리들은 멋있게 잘 차려 입고 차를 타고 모란봉으로 가오. (지하고전예술극장) 입구에서는 몇 몇이 손님들을 맞이하며 우리들에게 악수를 청하오. 이 사람들이 누구인지는 모르지만 이들이 누구인지 중요하지는 않

가담해 활동하였다. 1946년에 월북하였으며 1966년에는 반당종파분자로 숙청되었다. 숙청 이후의 행적은 알려지지 않고 있다.

15)「북한 문학 관련 소식들」, 1955년 6월 25일, 평양.

16) 1954년 10월 11일, 평양.

소. 공손하게 미소를 지으며 아무 언어로든 중얼거리면 되오. 어떠한 의미 없는 말도 괜찮소.

180개의 계단을 따라 내려가면 계단 끝에 연회 주최자 부부가 서 있는데 그들과도 악수를 해야 한다오. 그 다음에는 150여 명의 나머지 사람들과도 악수를 해야 하오. 길게 뻗은 복도에서는 무리를 지어 사람들이 대화를 하는데 다른 무리에 있는 사람들이 누구인지 서로에게 물어본다오. 그러면서 지난번 연회에서 어느 외교관이 술에 취했는지에 대해 이야기를 하오.

행사실의 큰 문이 열리면 안으로 잘 차려진 탁자들이 보인다오. 그러면 사람들은 탁자 가까이로 가서 저마다 좋은 자리를 잡소. 의자는 전혀 없소. 사람들은 먹을 음식들을 미리 눈으로 탐색하오. 하지만 아직 먹는 것은 금물이오. 축사가 시작되오. 연회 주최자의 축사는 약 20 분 동안 이어진다오. 그리고 통역관은 주최자의 수다를 한국어로 통역하고 다른 통역관은 같은 내용을 러시아어로 통역하오. 박수. 그 후 주최자는 말렌코브[17]의 건강을 위하여 건배를 제의하오. (1분) 다시 두 언어로 통역이 끝나면 모두들 술을 한 잔 들이킨다오. 그리고 나서야 식사를 할 수 있소. 자리에 선 채로. 3분 후 김일성의 건강을 위해 건배를 제의하면 숟가락을 내려 놔야 하오. 다시 박수. 다시 한 잔. 3분마다 건배가 반복되오. 우리는 건배할 만한 가치가 있는 모든 남성을 위해 마신다오. 주최자가 건배를 외치면 한 방울도 남김 없이 술잔을 비워야 하오. 많은 사람들은 술 대신 물로 술잔을 채우기도 하오. 연회에서는 일반적으로 스무 차례 정도의 건배가 이어지는데 가끔은 이보다 조금 더 많거나 조금 더 적게 건배를 하기도 하오.

탁자에는 상다리가 부러질 정도로 음식이 차려져 있소. 가금류는 통째로 탁자에 올려져 있는데 연회 중간에 밖으로 가지고 갔다가 토막을 내서 다시 가져 온다오. 이때 신입 외교관들은 오리고기를 다시 가져오지 않을

17) Malenkov(1902-1988): 스탈린 사망 후 단기간 소련 공산당의 총비서 역임.

까봐 걱정을 하기도 하오. 어떤 종류의 음식들이 있는지 일일이 다 적으려면 종이가 부족하오. 여기 있는 사람들이 십 분의 일도 다 먹어보지 못할 정도의 많은 음식이 차려져 있소. 케이크와 초콜릿도 항상 있소. 모두가 배부르게 먹고 나면 댄스가 시작하오. 〈셰이 허이 로지〉, 〈일요일에 놀러 가요〉, 〈푸른 도나우 왈츠〉 등 유럽 음악이 항상 빠지지 않소. 소련 대사가 자리를 뜰 때까지 아무도 먼저 집에 가면 안되오.[18)]

위에 언급된 화려한 연회는 한국전쟁 이후 북한이 폐허가 되었을 것이라는 일반적인 예상을 뒤엎는 것이었다. 북한 주재 중국대사관의 거대한 규모의 연회는 더더욱 그러하다. 당시 중국과 소련 간 양국 관계는 그다지 나쁘지 않았기 때문에 소련에 의존적이었던 헝가리 외교관들도 중국 대사관의 연회에 우호적으로 참석하였다.

어제 저녁에는 중국 대사관의 연회에 다녀왔소. 당연히 많이 먹고 많이 마셨소. 중국 오페라 영화도 보았소. 그 다음에는 댄스가 이어졌소. 나는 마침 검정색 새 구두를 신어서 왼쪽 발에 상처가 났소. 물론 상처 때문에 춤을 추지 않은 것은 아니오. 발에 상처가 난 것은 불쾌한 일이긴 했소. 중국인들은 의도적으로 군복을 입은 젊은 여군 150여 명을 행사에 초대했소. 그녀들은 잘 차려 입었고 붉은색 부츠를 신고 있었소. 연회에 초대된 손님들과 춤을 추는 것이 그녀들의 임무였소. 여군들은 남성들에게 다가가 춤을 출 것을 제안하오. 그녀들이 함께 춤을 출 것을 제안하면 남성들은 거절할 수가 없소. 여군들은 남성의 혼을 다 빼 놓을 정도로 격렬히 춤을 추게 하오. 어쨌거나 연회에 준비된 음식은 모두 맛이 있었소. 닭튀김에서 삶은 꽃게까지 다 있었는데 열대과일이 절정이었소. 특히 바나

18) 1954년 10월, "C", 평양.

나가 그랬소.[19]

쇠베니는 북한 주재 동독 대사관의 연회에서 경험한 흥미로운 일들에 대해서도 기록하였다. 당시 분단국가가 된 동독은 더 이상 강대국이 아니었음에도 불구하고 중국 대사관보다 훨씬 더 큰 규모의 연회를 준비하였다.

동독인들은 이제 천오백만 명의 작은 나라라는 것을 개의치 않았소. 중국 대사관의 연회를 능가하려고 하오. 이곳 사람들의 말로는 이런 연회는 아직까지 없었다고 하오. 규모만 보면 몇몇 중국이나 소련 연회가 앞섰으나 질적으로는 동독 연회가 우세하오. 초콜릿, 케이크, 다양한 리큐어(계란, 카카오, 파인애플 리큐어), 그리고 라인 강 유역 지방의 최상품 포도주가 가장 훌륭했소. (이 포도주는 우리가 가지고 있는 또꺼이와 르케 버라트 포도주보다 맛이 더 좋소.) 아무튼 훌륭했소.[20]

자유로운 이동과 여행이 가능했던 시절

북한 주재 헝가리 대사관에는 방문객의 발길이 잦았다. 쇠베니가 1954년 가을에 부인에게 쓴 편지에는 총 3명의 북한과학원 관계자들이 부부 동반으로 헝가리 대사관을 방문했다고 기록되어 있다. 헝가리 외교관들은 북한 방문객 전원에게 담배를 권하였다. 부인들 중 한 명은 흡연자였지만 감히 담배에 불을 붙이지 못했다. 대신 집에서 피

19) 1954년 10월 2일, 평양.
20) 1954년 10월 11일, 평양.

우기 위해 담배를 종류별로 두 개비씩 챙겨 갔다고 한다.[21)]

1960년대 초부터 북한 인사들이 부인을 동반하여 외국 공관을 방문하는 것이 불가능했던 것에 비추어 보면 이는 흥미로운 대목이 아닐 수 없다. 더군다나 당시는 북한 현지인들과 외국인들 간의 만남과 교류가 비교적 자유로웠기에 가능한 일이었다.

쇠베니가 동료 외교관과 평양의 식당에 간 일화도 지금과는 달리 아무런 제약 없이 현지인들과 만날 수 있었다는 사실을 뒷받침하고 있다. 옆 테이블에 앉아 있던 북한 현지인들이 여기저기에서 동시에 자기들 자리에 합석하라고 쇠베니 일행을 초대할 정도였다. 한쪽 테이블에는 국립예술극장장과 배우들이 있었고 다른 테이블에는 현지인 기술자 세 명이 앉아 있었다.

> 이곳은 한 명당 맥주를 한 번에 세 조끼씩 주문하는 것이 보통이오. 스무 명 남짓한 배우들은 작은 테이블을 둘러싸고 앉아 있었소. 성냥갑을 놓을 자리도 없을 정도로 테이블은 맥주 조끼로 가득 차 있었소. 기술자 세 명은 우리에게 이것저것 먹어보라고 권했소. 식당은 아담했지만 깨끗하였소. 맥주는 헝가리산보다 약했지만 달고 맛이 좋았소.[22)]

당시의 체제가 비교적 자유로웠음을 알 수 있는 또 하나의 증거는 외교관들에게 북한에서 자유로운 여행이 가능했다는 것이다. 쇠베니는 북한에 도착한 후 얼마 지나지 않아 황해남도 안악군에 위치한 고구려의 유적지 안악 3호분을 방문해 이집트 피라미드 다음으로 세계에서 가장 오래되고 가치가 높은 유적지라고 극찬하였다. 그리고 부

21)1954년 10월 1일, 평양.

22) 1954년 10월, "B", 평양.

북한의 사찰(페헤르 티보르 촬영)

다페스트의 동아시아 박물관에 보내기 위해 북한 예술 전문가와 함께 안악 3호분의 벽화 전체를 촬영했다고 편지를 통해 부인에게 전하였다.[23] 한반도 유적지에 관심이 많았던 쇠베니는 유적지들을 가능한 직접 답사하려고 노력하는 한편 이를 기록으로도 남겼다.

다음은 쇠베니가 어느 사찰을 방문한 후 부인에게 보낸 편지의 일부이다.

> 오늘은 한 사찰을 다녀왔소. 여기서 약 20킬로미터 떨어져 있는데 차를 타고 갔소. 밖은 추웠지만 차 안은 따뜻했소. 대사관에서는 나 혼자 갔는데 헝가리 기술자를 데리고 갔소. 그는 좋은 콘탁스[24] 카메라로 사진을 참 잘 찍었소. (중략) 아름다운 지방의 고요한 숲 속 산비탈에 사찰이 자

23) 1954년 9월, "A", 평양.

24) Contax. 당시 인기 있던 동독 카메라 브랜드.

리잡고 있소. 천 년을 살아 온 나무가 이 사찰 앞에 서 있소. 사찰 안에는 오래된 그림들과 멋있는 조각상들, 아름다운 불상들이 있소.[25)]

헝가리 외교관들은 북한의 이곳 저곳을 여행하면서 그때까지 남아 있던 조선시대의 전통 문화를 엿볼 수 있었으나 시간이 지남에 따라 조금씩 사라져가는 것을 목격하게 되었다.

쇠베니는 부인에게 전통 혼례 모습의 일부를 다음과 같이 소개하고 있다.

동생을 업고 있는 소녀

25) 1954년 12월, "A", 평양.

어느 마을을 지나가게 되었는데 때마침 한창 혼례식이 진행 중이었소. 신부는 옛 전통 혼례 방식에 따라 사방이 가려진 가마를 타고 있고 신랑은 말을 타고 가오. 그들은 정말 아름다운 전통 옷을 입고 있었는데 알록달록한 실크 옷이었소.[26)]

초가집 앞에 서 있는 아기 업은 어머니(초가지붕 위의 박이 탐스러워 보인다)

26) 1954년 10월, "E", 평양.

시골 농가의 초가지붕과 울타리

왼손에는 낫을 들고 오른
손에는 작대기를 잡고 지
게를 멘 농민의 모습

어선에서 환담을 나누며 어구를 정비하는 어부들

정박한 어선 중 돛을 올린
배가 이채롭다(1950년대)

강변에서 여유롭게 여흥을 즐기는 북한 주민들

산업 시찰

북한 주재 헝가리 외교관들은 현지의 전통 문화 및 역사 연구뿐만 아니라 산업 시찰을 위해 북한 각지를 여행해야 했다. 쇠베니와 동료 외교관은 북한과학원이 운영하는 서해안 지방의 농업 관련 연구소 몇 군데를 방문하였다.[27] 북한과학원의 농학연구 소장 계응상[28] 박사가 방문 일정 내내 헝가리 외교관들을 안내하였다. 가장 먼저 견학한 시설은 땅콩과 야생밤 재배지였다. 쇠베니는 북한의 야생밤은 크고 실하며 벌레도 먹지 않았다고 편지에 기록하였다. 그 다음 방문한 화학 시설에서는 흙 속의 유해한 염분을 제거하는 기술을 연구하고 있었다.

27) 헝가리 공문서 보관소, MNL XIX-J-1-k-1945-1964-Korea-18/g 9. doboz.

28) 桂應祥(1900-1967): 북한 누에연구의 대가로 유전학자이며 섬유공학자. 1920년대 초 일본 도후쿠대학 농학부 졸업하였으며 1952년 북한 과학원 원사(院士) 겸 농학연구소장을 역임하였다.

가장 흥미로웠던 시설은 양잠소였다. 계응상 박사는 자신이 집필한 양장법 관련 저서를 쇠베니에게 선물하였다. 쇠베니는 부인에게 보낸 편지에 계응상 박사의 책을 헝가리어로 번역하면 아주 좋을 것 같다고 전했다.[29] 뿐만 아니라 공식 보고서에서는 헝가리의 양잠 기술을 발전시키기 위해 북한의 기술을 배워야 한다고 제안하였다.[30] 쇠베니는 이 보고서에서 북한 연구소가 처한 어려운 점들에 대해서도 언급하였다. 어느 연구소는 제대로 지어진 건물이 아닌 초가집 같은 작고 허름한 곳에 있었으며 아주 간단하고 낙후된 연구 장비를 사용하고 있었다. 중앙 정부의 지원은 거의 받지 못하고 있는 실정이었다. 따라서 연구소마다 필요한 기자재들을 자체적으로 해결하고 있었다. 헝가리 외교관들은 이미 경로를 통해 북한이 사회주의 국가들로부터 수십 대의 동독산 체이스 현미경을 기부 받은 사실을 알고 있었다. 그러나 북한 보건성은 필요한 곳에 현미경을 보내지 않았으며 포장조차 뜯지 않은 상자 채 거의 방치되어 있었다고 한다.

쇠베니는 보고서에서 계응상 박사와 함께 근무하는 동료들에 대해서도 언급하였다. 중년의 동료들은 일제강점기 때 고등학교를 졸업하고 일본에서 대학을 다닌 인재들이었다. 북한 체제를 위해서가 아닌 학문에 대한 순수한 열정으로 열심히 일하는 이들에게 전문 서적이라고는 일본에서 가져 온 책 한두 권이 전부였다. 쇠베니는 독일어를 비롯해 불어, 영어, 러시아어 전문서적은 이들에게 많은 도움이 될 것이라고 보고서에 기록하였다. 반면 북한에서 대학을 졸업한 젊은 세대의 동료들은 간단한 작업들은 능숙하게 해냈으나 외국어를 전혀 구사

29) 1954년 10월, "A", 평양.

30) 헝가리 공문서 보관소, MNL XIX-J-1-k-1945-1964-Korea-18/g 9. doboz.

하지 못 하였다.[31)]

농작물을 관찰하고 있는 계응상 박사
(1948-1958)

양잠소를 방문한 계응상 박사와 쇠베니 얼러다르

31) 위와 같음.

헝가리 외교관들의 여가 활동

헝가리 외교관들은 북한에서 어떻게 여가 시간을 보냈을까? 쇠베니의 편지에는 호랑이 사냥이 수 차례 언급되어 있다. 시베리아 호랑이[32]는 한반도에 아주 오래 전부터 서식하고 있다고 유럽에 알려져 있다. 공식 자료에 따르면 1935년에 마지막으로 호랑이를 잡았다는 기록이 있다. 그러나 쇠베니가 당시 주 북한 헝가리 대사였던 써르버쉬 팔과 호랑이 사냥을 계획했다는 것으로 미루어 볼 때 1950년대 중반에도 북한에는 산 속에 호랑이가 살고 있었던 것으로 추정된다.

> 오늘은 거대한 호랑이 가죽을 사라고 나에게 가지고 왔소. 여기는 호랑이가 많다오. 호랑이 가죽은 매우 아름다웠소. 그러나 써르버쉬 대사님은 호랑이 가죽을 살 필요가 없다면서 호랑이 사냥을 하러 가자고 하셨소. 우리가 직접 호랑이를 잡자고 말이오. 대사 사모님은 우리가 호랑이에게 잡아 먹힐까 봐 염려하셨소. 써르버쉬 대사님도 그다지 호랑이와 마주하고 싶어하지는 않으신 것 같았소. 내가 토요일 오후에 호랑이를 잡으러 가자고 했더니 말없이 고민하시는 것 같았소.[33]

며칠 후의 편지에 의하면 호랑이 사냥 계획은 결국 실현되었다.

> 어제는 사냥을 하러 갔었소. 뻬프[34]가 헝가리로 귀국하면서 작은 엽총을 나에게 주었소. 동독 대사와 북한과학원 인사 두 명과 함께 사냥을 했소. 그 곳에는 호랑이와 독사도 있는 곳이오. 우리는 다행히 죽은 독사 한

32) 라틴어로 Panthera tigris altaica.
33) 1954년 10월, "D", 평양.
34) 쇠베니의 전임자로 근무했던 영사.

마리와 유순한 새들, 야생 거위들, 야생 오리들, 까치들, 그리고 노루들만 만났소.[35)]

판문점에서 찍은 한 장의 사진

얼마 전 저자는 1950년대 중반까지 북한에 거주하는 외국인들이 현지에서 거의 자유롭게 여행을 다닐 수 있었다는 사실을 증명하는 흥미로운 사진 한 장을 입수하였다. 당시 헝가리 의료진에 의해 운영되고 있던 사리원시 라코시 마챠쉬 병원의 헝가리 의사들이 판문점으로 여행을 갔다가 미군들과 함께 찍은 사진이 바로 그것이다. 지금은 상상조차 할 수 없는 일이지만 당시에는 불가능한 일이 아니었다. 휴전협정을 맺은 지 약 3년 밖에 지나지 않은 시기에 사진 속의 헝가리 의사들과 미군들이 편안하고 자연스러운 표정과 자세로 카메라 앞에서 포즈를 취하고 있는 모습이 매우 인상적이다.

저자는 이러한 자유로운 분위기를 틈타 발생한 숨은 일화를 소개하고자 한다. 사리원시의 라코시 마챠쉬 병원에서 근무하고 있던 헝가리 의사 두 명이 판문점을 통해 남한으로 망명을 시도한 사건이 발생하였다. 1956년 10월 말, 반소 헝가리 혁명이 일어나자 피부과 헝가리 의사 두 명이 사리원에서 출발해 판문점을 통해 남한으로 망명을 계획하였다. 비록 개성에서 북한 당국의 검문에 걸려 붙잡혔지만[36)] 다른

---

35) 1954년 10월, "E", 평양.

36) 그 후 헝가리 의사들은 헝가리 대사관에 의해 귀국 조치되었다. 이와 관련된 자세한 내용은 2009년에 집문당에서 발간된 저자의 『한반도를 방문한 헝가리인들의 기억 비망록』에 수록되어 있다.

헝가리 의사들과 판문점에서 근무하는 미군들(1956년 9월) 가장 우측은 사리원시 라코시 마챠쉬 병원의 내과 과장의사 퍼제커쉬 러이요쉬이다(출처: 퍼제커쉬 터마쉬).

곳도 아닌 판문점을 통해 남한으로 탈출하려는 계획은 당시의 외국인들도 자유롭게 이동할 수 있는 분위기가 반영된 것으로 결코 우연이 아니었다.

그러나 이러한 자유로운 분위기는 길게 이어지지 않았다. 1960년대 초부터 외교관을 비롯한 북한 거주 외국인들의 이동이 매우 제한되었기 때문이었다. 헝가리 대사의 1962년 1월 보고서에 의하면 북한 정부는 외국인들의 통행을 제한하기 위해 휴전선 근방, 사리원시와 원산시를 잇는 구간을 통행금지구역으로 지정하였다. 통행금지구역에 들어가기 위해서는 미리 5일 전에 북한 외무성에 신청을 해야 했다. 뿐만 아니라 통행금지구역 이외의 다른 지방으로 이동할 때에는 48시간 전에 허가를 받아야 했다. 그로부터 몇 달 뒤 북한 외무성 부부장 유찬식은 외국 대사들에게 사리원과 원산 이남의 전 지역, 자강도 희천의 이북 지역 등 추가 통행금지구역을 발표하였다. 특히 희천 이북 지역에는 군수 공장들이 있었기 때문에 외국인들의 통행을 통제했

다고 헝가리 대사는 밝혔다.[37)]

물품 구입

부인에게 보낸 쇠베니의 편지들을 통해 1950년대 중반 북한에서 근무하는 외교관들의 물품 구입 상황도 엿볼 수 있다. 당시 구입이 가능했던 물품 종류와 가격을 살펴보는 것도 매우 흥미로운 일이다. 쇠베니는 특정 명품들은 오히려 북한에서 저렴하게 구입할 수 있었다고 편지에 기록하였다. 당시 외교관들은 소련산 조르키(Zorki) 카메라와 포베다(Pobeda) 손목시계, 파카(Parker) 만년필 등에 관심이 많았다. 북한 제품 중에서는 실크 옷감을 가장 선호하였다. 그러나 저렴한 가격에 비해 한 가지 색상 밖에 없는 것이 단점이었다. 구두도 북한에서 저렴하게 맞춰 신을 수 있었다. 남성용 맞춤 구두 한 켤레는 120포린트, 여성용은 100포린트였다. 식탁보와 커튼, 양주잔 등도 저렴한 가격에 구입할 수 있었다.[38)]

물론 북한에서 살 수 없는 물건도 있었다. 특히 사진 현상에 필요한 인화지를 구할 수 없었다. 쇠베니는 문화관으로 근무하면서 사진을 많이 찍었는데 일년 동안 사용할 수 있는 대량의 인화지를 부인에게 부탁하였다. 한편 북한에 거주하고 있는 헝가리 외교관들과 가족들은 햄과 소시지를 즐겨 먹었는데 이때 빠질 수 없는 것이 양고추냉이[39)]였다. 그래서 쇠베니는 북한에서 재배하기 위해 부인에게 양고추냉이씨

---

37) 헝가리 공문서 보관소, MNL XIX-J-i-j-1945-1964-Korea-5/g 8. doboz.

38) 1954년 9월, "A", 평양.

39) 헝가리어로 또르머(Torma). 겨자의 일종.

1950년대 북한의 시장

를 보내달라고 부탁하였다.

1950년대의 생활용품 시장

1950년대 북한의 모습

중국 여행

1955년 초, 부인 요브 클라라가 북한으로 가 쇠베니와 함께 지내게 되면서 쇠베니는 더 이상 부인에게 편지를 쓰지 않았다. 따라서 이때부터는 그가 헝가리 외무부에 보낸 공식 보고서들만 자료로 남게 되었다.

저자는 쇠베니의 유품들을 연구하던 중 예외적으로 1955년 가을에 쓴 편지 한 통을 발견하였다. 이 편지는 당시 북한에 거주하던 쇠베니 부부가 헝가리에 있는 친척들에게 보낸 것으로 3주간 휴가로 떠난 중국 여행에 관련된 내용이 언급되어 있다. 이 편지에 묘사된 당시의 북한과 중국 간의 차이는 60여 년이 지난 지금도 매우 흥미롭다. 사실 1950년대 중반의 북경과 상하이는 당시에도 세계적인 도시였다. 쇠베니 부부는 양적으로나 품목별 물자가 풍족한 중국을 신기해 하였다.

친척들에게 보낸 이 편지에는 그들이 겪은 흥미로운 일화가 잘 나타나 있다.

9월까지는 우리가 적어도 올해 안으로 헝가리로 휴가를 갈 수 있을 거라고 생각했어요. 그렇지만 어려울 것 같아져서 3주 동안 중국으로 여행을 가기로 했어요. 우리는 10월 중순에 출발했어요. 우리가 탄 기차의 4인실 침대객차에는 우리 부부만 있었어요. 덕분에 북경에 도착할 때까지 충분히 쉴 수 있었어요. 나는 그 동안의 나를 완전히 잊어버리고 불어로 된 가이드북을 보면서 상류층 여행가가 되어 일주일 동안 북경의 유적지들을 돌아 보았어요. 우리는 무언가를 먹을 때만 잠시 멈췄을 뿐 쉬지 않고 구경을 했어요. 북경에 와 본 사람이 아니면 이곳에 구경할 것이 얼마나 많은지 상상할 수 없을 정도예요. (얼마 지나지 않아) 우리는 북경 길을 잘 알게 되어 버스나 전차, 또는 인력거를 타고 다녔어요. (중략)

일주일 동안 북경을 구경하면서 얻은 좋은 기억들을 뒤로 하고 어느 날 밤, 우리는 상하이로 가는 급행 기차에 몸을 실었어요. 서른여섯 시간 동안 기차를 타고 가면서 우리는 죽을 때 죽더라도 중국 남부 지방의 모든 산해진미를 꼭 먹고 죽어야겠다고 결심했어요. 꿀에 구운 오리, 뱀꼬리 요리, 죽순으로 만든 디저트, 파인애플 전병, 상어알과 간장이 들어있는 전, 원숭이 두개골 요리, 50센티미터나 되는 팬케이크, 옥수수잎에 싸서 구운 고기 완자, 코코넛 술 등을 다 먹어 봤어요. 모든 음식은 맛이 새로웠고 다양한 동양의 향신료 향을 느낄 수 있었어요. (중략)

아침 8시에 '약속의 땅'인 상하이에 도착했어요. 동양 최대의 도시에 도착하니 6백 오십만 명의 중국인이 바나나를 먹고 있었어요. 거대한 도시와 많은 인구에 비해 기차역은 매우 작았어요. 우리가 도착한 곳은 지구 반대편에 위치한 전혀 새로운 곳이에요. 아무도 우리를 알지 못하고 우리도 아는 사람이 전혀 없어요. 기차역에서 나온 후 우리는 이 도시의 규모와 한자로 쓰여진 간판들, 그리고 실크 깃발들에 압도당했어요. 우리

가 가고 싶었던 곳이 바로 여기였지요. (중략)

우리가 묵을 틴탄호텔은 5번 전차로 갈 수 있었어요. 이 호텔을 선택한 이유는 틴탄호텔이라는 이름이 무척 마음에 들었기 때문이에요. 45분 동안 전차를 타고 강 위의 다리를 지나면서 작은 범선들을 봤어요. 범선에는 돛이 2개 있었는데 어부들이나 집 없는 사람들이 살고 있어요. 전차가 30여 분 동안 오래된 중국 도시를 벗어나자 현대적 상업지역인 상하이의 바찌 거리[40]에 도착했어요. (우리는 쉽게 길을 찾을 수 있도록 모든 거리 이름을 헝가리 이름으로 고쳐 불렀어요.) 전차는 이곳에서 라코치 거리로 이동했어요. 라코치 거리의 어느 골목에 원래 프랑스 클럽이 있었던 자리의 반대편에 틴탄호텔이 우뚝 솟아 있었어요. 우리는 10층 방에 묵었는데 굉장히 고급스러운 욕실이 딸려 있었어요.(중략)

상하이는 아름다운 도시예요. 이곳에는 살 수 없는 것이 없어요. 티베트 산 카페트, 장뇌[41]상자, 각종 보석, 밍크 코트, 야바 오토바이 , 미국 산 파이프 담배, 영국 산 옷감, 대나무로 만든 장식품, 상아로 만든 부채, 다양한 실크, 훌륭한 맛의 케이크 등. 우리도 케이크를 먹어 봤어요. 제과점 이름을 보면 프랑스인들이 만든 제과점이었는데 주인은 러시아어로 이야기했어요. 예쁘고 우아한 웨이트리스는 미국식 영어를 사용했어요. (중략)

상하이에서 일주일을 보냈지만 세 권짜리 소설도 쓸 수 있을 정도로 할 이야기가 많아요. 특히 열대과일을 많이 먹었는데 그 동안 말로만 들었던 과일들뿐만 아니라 들어보지도 못 했던 여러 가지 열대과일들도 먹어보았어요.[42]

---

40) Váci utca. 부다페스트의 명동 거리

41) 녹나무의 목부, 가지, 잎을 절단하여 수증기를 증류시켜 얻은 장뇌유(樟腦油)를 냉각해 분리시킨 결정체로 의식을 잃었을 때 또는 토사나 복통 등에 효능이 있다.

42) 쇠베니 얼러다르가 친척들에게 쓴 편지. 1955년 11월 23일, 평양.

쇠베니의 부인 요브 클라라가 북한 도착 후 조쏘항공(북한과 소련이 공동 운항한 항공으로 조선민항의 전신)에서 내리는 모습

상하이 방문 중인 쇠베니 얼러다르와 중국인 현지 여성

1950년대 상하이의 모습

제4장

한민족 문화에 대한 고찰

Megfigyelések a koreai kulturális életről

북한의 인쇄 환경

쇠베니는 문화관으로 근무하면서 북한의 서적 및 신문 인쇄 환경에 대해 자세히 조사하였다. 무엇보다 북한이 처한 가장 큰 어려움은 적합한 인쇄소의 부재였다. 소수의 인쇄소에서 낙후된 기술로 책이나 신문을 인쇄하고 있는 상황이었다.

1955년 당시 북한에서는 소련인 저자의 책이 북한 저자의 책보다 더 많이 출판되고 있었다. 또한 중국인 저자들의 책을 비롯해 서양인 저자 안데르센[1)]의 동화와 하워드 패스트[2)]의 소설도 출판된 사실이 쇠

1) Hans Christian Andersen(1805-1875): 덴마크 동화작가, 시인. 유럽 전역을 여행하였고 덴마크, 독일, 그리스 신화를 연구해 다수의 동화책을 집필하였다.

2) Howard Fast(1914-2003): 미국 좌파 작가. 제 2차 세계 대전 시 라디오 방송 〈미국의 소리〉에서 근무하였다. 1943년부터 좌파 활동을 해서 1950년에 미국 당국은 패스트의 공산주의자 활동에 대한 조사에 착수하였다. 3개월 수감 기간

베니의 기록을 통해서 밝혀 졌다. 그러나 다양한 외국 출판물이 등장한 1950년대 중반과 달리 1960년대부터는 외국 서적 출판물 수가 급격히 감소했다.

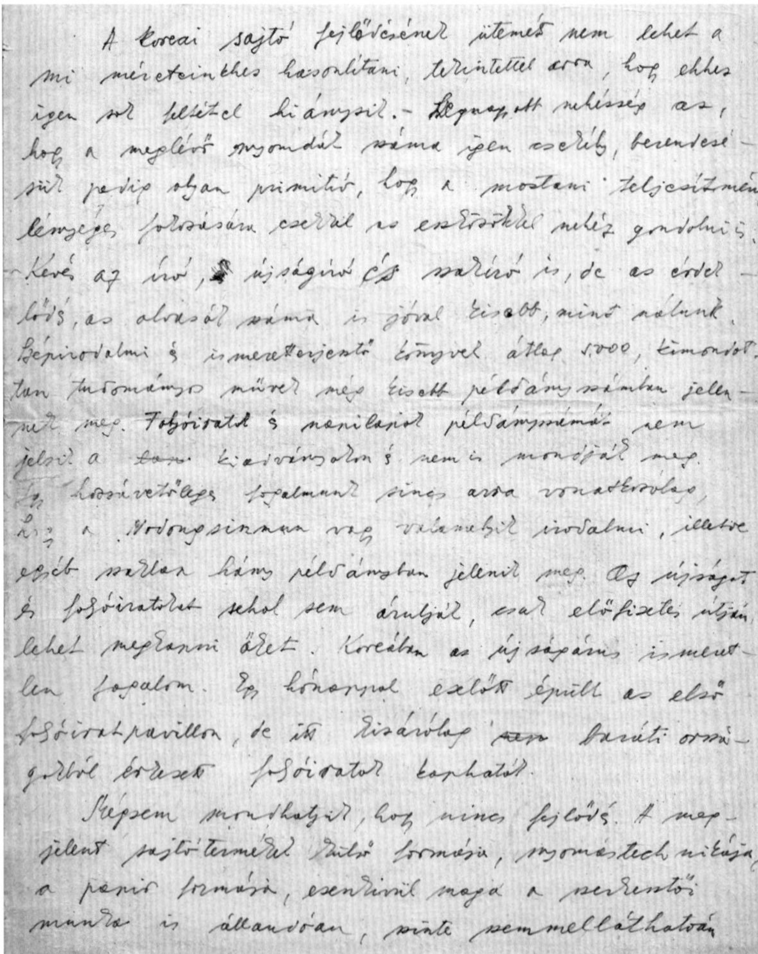
A koreai sajtó fejlődésének ütemét nem lehet a mi méreteinkhez hasonlítani, tekintettel arra, hogy ehhez igen sok feltétel hiányzik. Elgondolható nehézség az, hogy a meglévő nyomdák száma igen csekély, berendezésük pedig olyan primitív, hogy a mostani teljesítmény lényeges fokozására csekély és eszközökkel nehéz gondolni. Kevés az író, újságíró és szakíró is, de az érdeklődők, az olvasók száma is jóval kisebb, mint nálunk. Szépirodalmi és ismeretterjesztő könyvek átlag 5.000, kimondottan tudományos művek még kisebb példányszámban jelennek meg. Folyóiratok és napilapok példányszámát nem jelzik a kiadványokon és nem is mondják meg. Az hozzávetőleges fogalmunk sincs arra vonatkozólag, hogy a Nodongsinmun vagy valamelyik irodalmi, illetve egyéb szaklap hány példányban jelenik meg. Az újságot és folyóiratokat sehol sem árulják, csak előfizetés útján lehet megkapni őket. Koreában az újságárus ismeretlen fogalom. Egy hónappal ezelőtt épült az első folyóiratpavillon, de itt kizárólag baráti országokból érkező folyóiratok kaphatók.

Szépen mondhatjuk, hogy nincs fejlődés. A megjelent sajtótermékek külső formája, nyomástechnikája, a papír formája, esetleg maga a szerkesztői munka is állandóan, szinte szemmel láthatóan

주 북한 대사관에서 작성한 보고서로 북한의 열악한 인쇄 환경, 신문, 잡지 등을 언급하고 있다(정확한 작성일 미상).

동안 『스파르타쿠스』를 집필하였다. 1953년에는 소련으로부터 스탈린 평화상을 수상하였다.

당시 북한의 예술문학 서적 및 일반 서적은 평균 5천 부 정도 출판되고 있었다. 쇠베니는 헝가리의 출판량에 비하면 이는 적은 양이었다고 기록하였다. 한국전쟁 종군 기자였던 메러이 티보르[3]가 집필해 1953년 부다페스트에서 단행본으로 출간된 『코리아 리포트』가 총 8천 부 출판된 것과 비교하면 당시 북한과 헝가리의 출판 규모를 어느 정도 짐작할 수 있다.

쇠베니의 보고서에 의하면 북한의 유력 일간신문과 잡지의 인쇄 부수에 대한 정보가 전혀 없었다. 북한 주재 헝가리 대사관이 수집한 정보에 의하면 북한에서는 30여 종의 신문과 40여 종의 잡지가 간행되고 있었는데 신문 가판대나 서점에서 판매되지 않고 정기 구독만 가능하였다. 반면 소련이나 동유럽 사회주의 국가에서 보내 온 해외 간행물들만 따로 취급하는 유일한 신문 가판대가 존재했다.[4] 유력 일간지들은 유럽의 일간지와는 달리 공식적이고 보도 중심이었다. 유머와 풍자는 완벽히 결여되어 있었다.

문화 관련 소식도 비교적 적었는데 〈민주조선〉이라는 신문에 평양 영화관들의 영화 상영 시간표가 게재되기 시작하였다. 이와는 달리 평양방송과 평양 극장들의 프로그램은 게재되지 않아 어떤 연극들이 상연되고 있는지 밝혀 내는 일은 쉽지 않다고 쇠베니는 보고하였다. 잡지의 경우 1950년대 중반부터 종류가 다소 증가하였는데 조소문화

---

3) Méray Tibor(1924-): 헝가리 작가, 신문기자. 엘떼대학교의 전신 파즈마니 페테르 대학에서 헝가리학과 라틴학을 전공하였다. 제 2차 세계 대전 이후 헝가리 일간지 〈서버드 넵〉의 기자로 활동하였다. 1951년부터는 북한에서 종군 특파원으로 근무하였다. 전쟁 중인 북한 현지에서 송고한 기사들 및 한국전쟁에 대해 집필한 서적들이 높이 평가되어 코슈트 상을 수상하였다.

4) 「1955년 문화 요약본」(보고서의 정확한 작성일은 미상이나 본문 내용 상 1956년 초에 작성된 것으로 추정됨.)

협회의 간행물인 〈조소문화〉와 북한과학원의 간행물도 출판되었다.[5)]

1950년대 북한 문학

북한 문학에도 관심이 많았던 쇠베니는 여러 보고서에서 북한 문학에 대해서도 언급하였다. 쇠베니에 의하면 1950년대 중반 북한 문학계에서 인정받고 있던 시인들과 소설가들은 1925년에 설립된 카프[6)] 출신이었다. 일제강점기에 소련에 거주하다가 해방 이후 귀국한 작가들 또한 중요한 역할을 하고 있었다. 이들 대부분은 소련 국적을 소유하고 있었는데 쇠베니는 이들이야말로 소련 문학계에 가장 정통하다고 주장하였다.[7)]

1953년부터 북한에서는 내부 갈등이 시작되었다. 남로당 숙청 사건은 국내파 박헌영 세력에 속한 월북 시인 설정식[8)]도 피할 수 없었다. 설정식은 사리원시의 헝가리 병원에 입원해 있는 동안 헝가리 의

---

5) 위와 같음.

6) KAPF(Korea Artista Proleta Federatio). 조선프롤레타리아 예술가 동맹.

7) 「해방 이후 북한 문학의 주요 주제와 문제점들」(원고, 정확한 작성일은 미상이나 본문 내용 상 1955년에 작성된 것으로 추정됨.)

8) 薛貞植(1912-1953): 월북 시인, 소설가. 일제 강점기 시 미국의 콜럼비아 대학을 졸업하였다. 광복 후 미군정청에서 공보처 여론국장으로 재직하였으며 1948년에는 서울 타임즈의 편집자로도 근무하였다. 1950년 6월 25일 한국 전쟁이 발발하자 조선인민군 전선사령부 문화훈련국에 근무하였다.
갑자기 심장마비로 북한의 사리원시에서 헝가리 정부에 의해 운영되고 있던 '라코시 마챠쉬 병원'에 입원하게 되었다. 1951년 정전회담의 통역을 담당하는 과정에서 헝가리의 종군특파원 메러이 티보르와 인연을 맺게 되었다. 1953년 8월 남로당계 숙청 시 박헌영, 이승엽 등과 함께 미제의 스파이라는 죄목으로 처형을 당했다.

사들에게 영문으로 된 「우정의 영웅 서사시」를 선사하였다. 이 시는 한국전쟁 시 헝가리 종군기자로 특별한 관계에 있던 메러이 티보르의 도움으로 숙청 전인 1952년 부다페스트에서 헝가리어로 출간되었다. 전장을 넘나들며 한국전쟁 소식을 본국으로 전하던 메러이는 1953년 8월 특파원 자격으로 참석한 법정에서 사형을 언도 받는 친구 설정식을 가까이에서 지켜보게 되었다.

1950년대 중반부터는 연안계 및 소련계와의 갈등이 심화되었으며

김일성 동상 옆에 서 있는 한설야
(출처: 한설야 『력사』, 조선작가동맹출판사, 1956, 평양.)

특히 김일성 세력과 소련계와의 갈등은 당시 문학계에도 큰 영향을 미쳤다. 이 시기에 북한문학 조직의 중심에는 한설야[9]가 있었다. 한설야는 중국과 일본에서 유학한 뒤 도쿄의 좌익 잡지에 다수의 기고문을 게재하였다.[10] 그는 청년 시절에 1925년 카프 결성 초기부터 가담하였다고 알려져 있으나 미국에서 출판된『한설야와 북한 문학』에 따르면 카프 결성 당시 그는 만주에 거주하고 있었으며 1927년에 카프에 가담하였다.[11] 그 후 한설야는 1928년에 조선일보 함흥지국을 운영하였고 1934년에 일경에 의해 검거되어 투옥되었다가 석방된 후부터 활발한 집필 활동을 펼쳤다. 해방 이후에는 북한문학 조직의 중심이 됨과 동시에 정치적으로도 중요한 인물로 부상했으며 1948년부터 숙청당하기 전인 1962년까지 북한문학 조직의 대표적 인물이었다.

한설야의 부다페스트 방문

1952년 12월, 한설야는 오스트리아 비엔나에서 개최된 세계평화이사회에 참석하였다. 그는 연설에서 한국전쟁의 참상을 알렸고 한반도의 종전과 평화의 당위성을 역설하였다. 이때 한국전쟁 당시 특파원

9) 韓雪野(1900-1969 또는 1970): 함흥 출생. 북한 소설가이자 문학평론가. 북조선문학예술총동맹 중앙위원장 역임. 북한정부 수립 이후부터 1960년대 초까지 북한 문학계의 대표적 인물이다.
사망 연도는 Myers, Brian,『Han Sorya and North Korean Literature. The Failure of Socialist Realism in the DPRK.』에 따름.

10) Myers, Brian,『Han Sorya and North Korean Literature. The Failure of Socialist Realism in the DPRK.』, Cornell East Asia Series, 1994년, 뉴욕, 23쪽.

11) 위의 책, 23쪽, 189쪽.

으로 북한에서 근무했던 메러이 티보르가 헝가리 대표로 참석하였다. 메러이 역시 북한에서 겪은 개인적 경험을 토대로 한설야와 유사한 내용의 연설을 하였다.[12)]

이듬해 6월, 한설야는 부다페스트에서 개최된 세계평화이사회에 참석한 뒤 부다페스트의 김일성초등학교에서 유학 중인 북한 학생들을 방문하였다. 이때 북한 학생들의 교사로 근무하고 있던 쇠베니는 한설야의 방문에 대해 상세히 신문 기사를 썼다.

북한 학생들은 유명 작가를 직접 만난다는 사실에 몹시 들떠 있었다. 어린 학생들은 김일성초등학교의 소년단장 박찬우를 에워싸고 한설야에 대해 이것저것 물었다. 박찬우는 한설야의 작품들과 발표 연도 등 질문에 답을 한 뒤 자신도 한설야와 1분 만이라도 대화하고 싶다고 말했다. 이튿날 박찬우의 소망은 이루어졌다. 방학식 행사 시 단상 옆 탁자에 박찬우의 자리도 마련되어 있었는데 바로 한설야의 옆자리였다. 한설야는 김일성초등학교 학생들에게 인사말을 하였다. 백두산, 평양, 대동강 그리고 금강산에 대해 이야기하며 조국의 안부를 전해주었다. 북한 학생들은 모두 감동하였다.

쇠베니가 한설야에게 한국어로 인사하자 그는 쇠베니의 유창한 한국어 실력은 통역이 필요 없을 정도라며 놀라워하였다. 그러자 김일성초등학교 교장은 북한 학생들을 가르치는 교사이며 학생들을 위해 헝가리어 교과서도 집필하였고 한설야의 작품『대동강』을 헝가리어로 번역 중이라고 쇠베니를 소개하였다.

쇠베니가 이날 한설야와의 만남에 대해 기고한 신문 기사는 다음과 같다.

---

12)『A Népek Békekongresszusa. Bécs, 1952. december 12-19.』, Szikra, 1953년, 부다페스트.

김일성초등학교에서 강의하는 한설야(첫 번째 줄 가장 우측에서 쇠베니가 경청하고 있다) (출처: 일간신문 〈Esti Budapest〉)

나에게는 『대동강』이 매우 마음에 든다는 말밖에는 할 말이 남아있지 않았다. 두 번씩이나 말했는데 한설야는 아무런 말도 하지 않았다. 내가 그의 작품을 헝가리어로 번역하는 것에 혹시 불만이 있는 지 물어보았다.

"번역할 수 있다."

(한설야는) 짧게 대답했다.

나는 지금 어떤 작품을 집필 중인지 물어보았다.

"대동강 2권. 대동강은 총 세 권이오."

한설야가 노동자들, 농민들과 자주 만난다고 했을 때 우리의 모리츠 지그몬드[13] 작가가 떠올랐다. 나는 『대동강』 2권과 3권의 출판 시기 어떤 내용을 물었다. 한설야는 다시 미소를 지었고 다음과 같이 말했다.

"2권은 1권에서 이어지며 평양 해방(인민군 평양 재탈환- 저자 주)에 관한 내용이오. 3권은 평화의 평양에 관한 것이오."

13) Móricz Zsigmond(1879-1942): 헝가리 작가. 20세기 초 헝가리 문학계의 중추적 인물. 농민들의 생활과 운명을 주제로 다수의 작품을 남겼다.

헝가리어판 한설야의 『대동강』

한설야가 검정색 북한 공관 차량을 타자 2백 명의 아이들은 열정적으로 소리쳤다.

"다시 만나봅시다! 안녕히 가십시오!"

검정색 승용차가 구부러진 비탈길 따라 가로수 사이로 사라진 뒤에도 (차가 사라진 곳을 향해) 아이들은 손을 흔들었다.[14]

한설야의 김일성초등학교 방문은 북한 학생들에게 커다란 감동과 잊을 수 없는 추억을 안겨 주었다. 쇠베니의 기사에 따르면 한설야가 김일성초등학교를 떠난 후 여학생 한 명이 의자에 앉아 흐뭇한 미소

14) 「A haza üzenete」, 1953년. 신문 기사 원고 (쇠베니 얼러다르의 유품)

를 짓고 있었다. 쇠베니가 의아해하며 이유를 물으니 여학생이 앉아 있는 의자가 바로 한설야가 앉았던 의자라며 좋아하였다.[15)]

그 후 얼마 지나지 않아 한설야의 『대동강』은 쇠베니에 의해 『대동강의 폭풍』이라는 제목으로 1954년에 부다페스트에서 출간되었다.[16)]

소설 「승냥이」

쇠베니는 '세계문학개론(Világirodalmi Tájékoztató)'의 편집실에 한설야의 또 다른 작품인 「승냥이」의 상세한 줄거리와 함께 서평을 제안하였다.[17)] 1930년대가 배경인 이 책 제목의 승냥이는 한반도에서 활동하는 미국 선교사들을 의미하는데 소설 「승냥이」의 내용은 다음과 같다.

주인공 수길은 7살이다. 수길은 어머니와 함께 일제에 의해 수감된 아버지에게 음식을 자주 가져다 주었다. 그러나 아버지는 감옥에서 사망하고 만다. 수길이 살고 있는 마을에는 미국인 선교사 가정이 있었는데 사춘기의 아들이 한국 아이들을 난폭하게 괴롭혔다. 특히 아버지를 여의고 반 고아가 된 수길을 무자비하게 때렸다. 크게 다친 수길은 집으로 옮겨졌고 미국 선교사 아내는 수길을 병원으로 데리고 갔다. 수길이 주사를 맞고도 차도가 없자 선교사 아내는 문제가 커질 것을 염려하여 계략을 꾸몄다. 그녀는 의사로 하여금 고의적으로 수

15) 「A haza üzenete」, 1953년. 신문 기사 원고.

16) Han Szer Ja, 『Vihar a Tedong felett.』 Szépirodalmi Könyvkiadó, 1954, 부다페스트.

17) 「'세계문학개론'지 편집장에게 쓴 편지」, 1953년 8월 15일, 부다페스트.

길에게 전염병 백신을 놓게 했는데 만약 수길이 죽더라도 자신의 아들에게 맞아서 숨진 것이 아니라 전염병에 걸려서 죽은 것으로 위장하기 위해서였다. 수길은 전염병 백신을 맞은 뒤 며칠이 지나 숨을 거두었다. 수길의 어머니는 아들의 죽음을 믿을 수 없었다. 다만 선교사 부부가 수길을 납치하기 위해 꾸민 일이라고 생각하였다. 그러나 병원으로부터 재가 된 수길을 건네 받고 아들이 죽었다는 것을 확인하게 된다. 선교사가 남긴 돈을 건네 받은 수길의 어머니는 정신 없이 선교사의 집에 달려 자신의 아들에게 무슨 짓을 한 거냐고 따졌다. 그러자 선교사는 사냥총으로 수길의 어머니를 위협하고 경찰을 불렀다. 선교사 부부와 수길의 어머니 사이에 고성이 오가는 사이 일제 경찰이 도착하고 수길의 어머니를 체포하는 것으로 소설은 마무리된다.

소설 「승냥이」는 일제강점기에 한국인들을 속박하던 일제와 미국 선교사들로 표현된 미제를 동일시하며 미제라는 새로운 위협 세력이 등장했음을 표현하고 있다. 이 소설에서 한설야는 19세기 중반 서양인에 대한 한국인들의 전통적 두려움을 전반적으로 사용하였다.

일례로 1880년대에 서양인 선교사들이 조선 아이들을 잡아 먹고 내장은 약으로 만든다는 소문이 떠돌았다. 1888년 여름, 한양에서는 이러한 소문을 믿은 조선인들이 외국 선교사들이 운영하는 고아원 앞에서 시위를 벌이며 고아원을 의심하였다. 각국 외교관들이 이에 대해 항의하였으나 조정은 사태를 파악 중이라고만 하였다. 그러나 서양인들은 대원군 세력이 고종과 명성황후의 권력을 꺾기 위해 근거 없는 소문을 퍼트렸다고 믿고 있었다.[18] 미국 선교사들이 조선 아이들을 해치려 한다는 서양인에 대한 전통적 두려움을 표현한 소설 「승냥이」는

18) Neff, Robert D. – Cheong Sunghwa, 『Korea through Western Eyes』, Seoul National University Press, 2009년, 서울, 114 – 117쪽.

한설야의 소설 「승냥이」를 각색한 연극(출처: Democratic People's Republic of Korea 1948-1958)

연극과 영화로도 제작되었다. 특히 영화 「승냥이」는 1956년 12월 25일에 최초로 상영되었다.[19]

시인 조기천

쇠베니는 해방 이후의 북한문학에 대한 보고서에서 일제강점기에 소련에 거주했던 젊은 작가들을 소개하였다.[20] 소련 문학에 정통한 이들 중 시인 조기천[21]은 러시아어, 일본어를 비롯해 여러 유럽 언어들

19) 헝가리 공문서 보관소, MNL XIX-J-1-k-1945-1964-Korea-18/f 9. doboz.

20) 「해방 이후 북한 문학의 주요 주제와 문제점들」.

21) 趙基天(1913-1951): 러시아 연해주 출생. 북한 서적들의 대부분은 출생지를 함경북도 회령으로 표기하였다. 쇠베니가 조기천 사망 1주기를 기념하여 작성한 신문 기사에도 출생지를 회령군으로 표기하였다. 러시아문학을 전공하였

을 유창하게 구사하였다. 조기천의 대표작 중 하나인 「논둑에서 본 노을」[22]은 해방 후 북한의 시골을 배경으로 하고 있다. 학교에서는 일본어가 아닌 한국어로 수업을 하며 농민들은 자신의 땅에서 일을 하고 있다. 한 노인이 논둑에 서서 예전에는 상상조차 하지 못 했던 일이라며 눈물을 글썽인다. 서사시 「백두산」은 김일성의 항일 무장 투쟁에 관한 내용으로 1947년에 발표된 후 북한에서 매우 유명해졌다. 여러 사회주의국가에서 이 시가 번역되었는데 헝가리에서도 러시아 번역본이 헝가리어로 출간되었다.[23]

조기천은 한국전쟁 발발 이후부터 전쟁을 주제로 다수의 시를 발표하였다. 대표작으로는 「조선의 어머니」, 「조선은 싸운다」 등이 있다. 1951년 3월부터는 월북한 남한 예술인 단체와 북한 문예단체가 통합된 조선 문학예술총동맹의 부위원장을 역임하였다. 그의 사망에 대해서는 1951년 7월 말에 미군의 평양 폭격 중 사망한 것으로 알려져 있으나 당시 헝가리 언론은 조기천이 취침 중에 폭격을 당해 사망하였다고 보도하였다.

조기천의 사망 1주기를 기념해 1952년에 쇠베니가 작성한 기사 「자유와 평화의 위대한 시인」에는 조기천이 청년 시절 백두산에서의 김일성 항일 투쟁에 합류하였으며 소련의 유학 제의를 받아들여 7년 동안 모스크바와 레닌그라드에서 유학했다고 기록되어 있다. 소련의 마

으며 1945년 북한에서 소련군정 기관지인 「조선신문」사의 편집국에서 근무하였다. 조선문학예술총동맹 부위원장을 역임하였다. 2000년대 초부터 한국에서 잘 알려진 북한 가요 「휘파람」을 작사하였다.

22) 쇠베니가 번역한 헝가리어 제목을 한국어로 재번역한 것으로 원제와 다를 수 있다.

23) Te Gi Csen [Cso Gi Cson]: 『Pektuszan』. Szépirodalmi Könyvkiadó. Budapest, 1952.

야코브스키[24]를 우상으로 여겼던 조기천은 1951년 8월 1일 모란봉의 소나무 아래에 묻혔다. 이때 한설야가 장례식에 참석해 조사(弔詞)를 낭독하였다. 쇠베니는 조기천의 작품 중 「어머니」, 「조선은 싸운다」, 「눈길」, 「조선은 평화를 원한다」, 「논둑에서 본 노을」, 「평화의 길」, 「봄의 노래」 등을 헝가리어로 번역해 일간지와 잡지에 소개하였다.[25]

1960년대 북한 내부 정치 상황의 변화는 조기천이 남긴 작품들에도 영향을 미쳤다. 일제로부터 북한을 해방시킨 소련군과 스탈린에 감사하는 내용이 포함된 서사시 「백두산」은 일제로부터 해방의 주역은 소련군과 스탈린이 아닌 김일성과 빨치산 동지들이라고 북한의 공식 입장이 바뀌자 북한 도서관에서 자취를 감췄다.[26]

월북 작가 리기영

쇠베니가 1950년대 중반에 작성한 보고서에는 한설야뿐만 아니라 또 다른 카프의 회원이었던 리기영[27]에 대해서도 언급되어 있다. 한설야와 유사하게 일본에서 유학하였고 필명이 민촌인 리기영은 1934

24) Mayakovsky, Vladimir Vladimirovich(1893-1930): 조지아 출생. 러시아 프롤레타리아 작가동맹(RAPP, Rossiiskaya Assotsiatsiya Proletarskikh Pisatelei)의 혁명 시인이다.

25) 「눈길」, 「조선은 평화를 원한다」, 「논둑에서 본 노을」, 「평화의 길」, 「봄의 노래」는 한국에서 잘 알려지지 않았는데 헝가리어 제목을 한국어로 재번역한 것이다.

26) Myers, Brian, 『Han Sorya and North Korean Literature. The Failure of Socialist Realism in the DPRK.』, Cornell East Asia Series, 1994년, 뉴욕, 149쪽.

27) 李箕永(1896-1984): 충남 아산 출생. 청년 시절 카프에 가담하였고 북한의 대표적 작가이다.

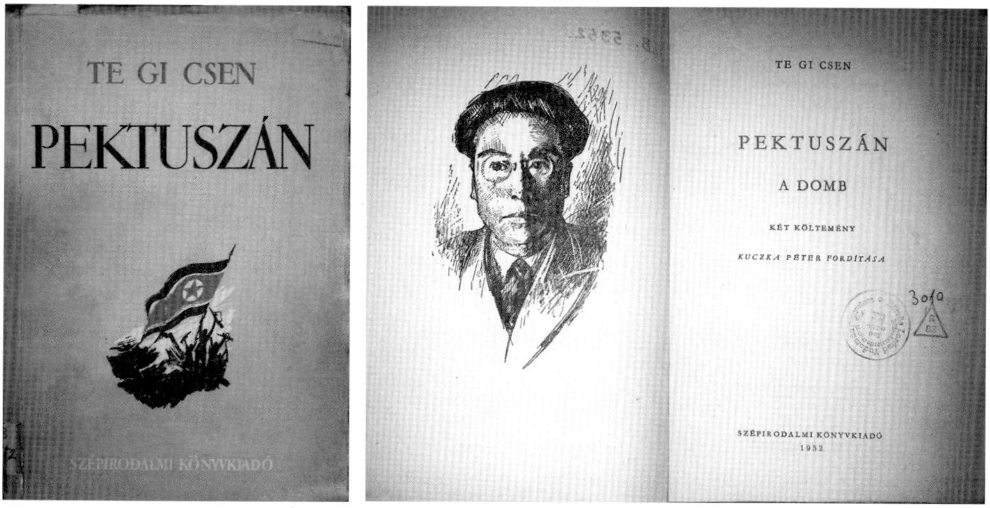

헝가리에서 출간된 조기천의 「백두산」 표지와 속표지(출처: ELTE대학교 동아시아학부 도서관)

년 여름 한설야와 함께 수감되었다. 한설야는 1955년 『조선 문학』 5월호에 리기영과 감옥에서 함께 보낸 시간을 다룬 「민촌과 나」라는 단편소설을 발표하였다.[28] 해방 후 리기영은 월북하였고 북한의 대표 작가로 자리매김하였다.

쇠베니는 리기영의 『두만강』 1권을 1954년의 최대 성공작으로 꼽았다. 특히 『두만강』 1권은 출판 3일만에 품절되었다.[29] 『두만강』 1권은 조선시대 농민들의 생활을 다루었으며 2권은 일제강점기, 3권은 해방 이후를 배경으로 하고 있다. 쇠베니의 기록에 따르면 『두만강』 2권은 1955년 연간 문학 출판 계획에 따라 그 해 연말까지 집필을 마쳤어야 했지만 출판이 지연되었다.[30] 쇠베니는 1955년 7월 25일자 보고서

28) 헝가리 공문서 보관소, MNL XIX-J-1-j-1945-1964-Korea-5/f 7. doboz.

29) 「북한 문학 관련 소식들」, 1954년 11월 20일, 평양.

30) 「1955년 문화 요약본」(원고, 정확한 작성일은 미상이나 본문 내용 상 1956년

에서 최고인민회의가 리기영의 환갑을 기념해 노력 훈장을 수여하고 『두만강』 1권을 소련에서 출간하기로 결정했다고 기록하였다.[31)]

리기영은 현재에도 북한의 대표적 작가로 그의 이름이 북한의 모든 백과사전에 수록되어 있다. 반면 한설야는 1950년대 유명했던 지식인들과 유사하게 북한 내부 정치 갈등의 희생양이 되어 북한문학사와 백과사전에서조차 그의 이름을 찾을 수 없다. 쇠베니가 1950년대 중반에 작성한 보고서에 의하면 한설야의 작품은 도식화되어 있고 등장인물들의 성격이 피상적이라는 비판을 받았다. 뿐만 아니라 그의 작품에는 역사적인 배경과 자연이 드러나지 않는다는 비판도 받았다.[32)]

한설야와의 만남

한설야는 1956년부터 조선문학예술총동맹의 중앙위원장으로 활동하였다. 당시 한설야는 1930년에 발생한 농민 폭동을 다룬 『설봉산』 2권의 마무리 작업 중이었다.[33)] 집필 활동 중에 문화상과 교육상을 역임하였다. 한설야가 성공 가도를 달리던 무렵 평양 주재 헝가리 대사 프라트 까로이는 1958년 2월 8일에 그를 방문해 쇠베니가 편찬한 웽조사전 가죽장정판을 선물하였다. 프라트 대사의 보고서에 의하면 한설야는 웽조사전을 받고 매우 기뻐했으며 웽조사전은 북한과 헝가리

초에 작성된 것으로 추정됨.)

31) 「북한 문학 관련 소식들」, 1955년 6월 25일, 평양.

32) 「해방 이후 북한 문학의 주요 주제와 문제점들」(원고, 정확한 작성일은 미상이나 본문 내용 상 1955년에 작성된 것으로 추정됨.)

33) 「북한 문학 관련 소식들」, 1956년 3월 23일, 평양.

간 친선의 증거라고 말하였다.[34)]

리기영(출처: 〈리기영선집〉, 조선작가동맹출판사, 1960, 평양)

쇠베니는 1958년 가을에 연구 활동을 위해 마지막으로 북한을 방문했을 때 한설야와 두 차례 만났다. 쇠베니가 남긴 유품 중에는 북한에 체류하는 동안 거의 매일 그날 있었던 일들을 기록한 수첩이 있는데 9월 30일 메모에는 '한설야와의 만남'이라고 적혀 있으며 부다페스트를 출발해 경유지인 모스크바에 도착한 날에는 한설야와 만났다고 기록되어 있다. 이날의 기록에 의하면 쇠베니는 일행과 묵게 될 숙소에서 한설야와 만났다. 그리고 북한에서 연구 활동을 마치고 헝가리로 귀국하는 1958년 12월 11일에 한설야가 평양 공항에 나와 배웅하였다. 이것이 쇠베니와 한설야와의 마지막 만남이었다.

한설야는 진정한 프롤레타리아가 아니며 일제강점기에 이익을 취했을 뿐만 아니라 부도덕한 인물이라는 혐의로 1962년에 숙청되었다. 그 배경에는 한설야의 두 번째 부인이 지주의 딸이었으며 여비서와 부적절한 관계를 유지했다는 혐의도 작용하였다. 북한 주재 헝가리 대사 코바취 요제프는 1962년 10월 10일에 작성한 보고서에서 소련과

34) 헝가리 공문서 보관소, MNL XIX-J-1-j-1945-1964-Korea-5/e 6. doboz.

동독 외교관들을 통해 한설야에 대한 조사가 진행 중이라는 말을 들었다고 기록하였다. 이 조사는 조선노동당 내부에서 이루어지고 있었다.[35] 한설야의 혐의는 작가, 배우, 예술가로 구성된 반혁명적, 반동적 세력을 만들었다는 것이었다. 코바취 대사에 의하면 한설야는 후대에게 남길만한 일들을 하지 못했다며 그의 마지막 생일날을 축하해 준 친구들에게 안타까움을 표현하였다.

얼마 지나지 않아 김일성은 한설야에게 조선노동당 정치위원회에 출석해 조선노동당 문화 정책 관련 불만이 있으면 털어 놓으라고 지시하였다. 그러나 한설야가 조선노동당 정치위원회에 불참하자 김일성이 지방에 체류하는 동안 조선노동당 평양시 위원회가 한설야를 체포하였다. 코바취 대사에 의하면 김일성은 평양으로 복귀한 뒤 한설야를 구금에서 가택 연금으로 변경시켰다. 그 후 코바취 대사는 한설야를 비롯해 반혁명적, 반동적 세력으로 의심을 받는 인사들이 북쪽 지방의 노동교화소로 보내졌다는 말을 들었다고 보고서에 기록하였다.[36]

북한 문학 전문가 브라이언 마이어스의 저서『한설야와 북한 문학』에 의하면 한설야는 자강도의 외진 곳으로 추방되었으며 북한 당국은 평양 중심에 위치한 빌라와 소련제 자동차, 저축 액 70만 원 등 그의 전 재산을 몰수하였다.[37] 당시 북한 언론들은 한설야가 처한 상황을 보도하지 않았다. 한설야의 이름이 전 분야에 걸쳐 삭제되자 대다수의 사람들은 한설야가 이미 사망한 것으로 생각하였다. 일례로 헝가리의 한국학 학자 마르톤피 페렌츠는 헝가리에서 출판된 세계문학

35) 위와 같음.

36) 위와 같음.

37) Myers Brian,『Han Sorya and North Korean Literature. The Failure of Socialist Realism in the DPRK.』, Cornell East Asia Series, 1994년, 뉴욕, 147쪽.

백과사전에 한설야가 1962년에 사망했다고 기록하였다.[38] 『한설야와 북한 문학』에 의하면 한설야는 1969년에 복권되었고[39] 1969년과 1970년 사이에 사망한 것으로 기록되어 있다. 그러나 1976년에 사망했다는 설도 존재한다.

작가 서만일과 「사랑과 자유」

1950년대 중반, 쇠베니는 일제강점기에 소련에서 거주한 조기천 외에도 해방 후 소련으로 유학을 간 북한 작가들을 소개하였다. 이때 시인이자 작가인 서만일도 소개되었다.[40] 특히 1956년 초의 보고서에는 그의 이름이 자주 등장하였다. 서만일은 헝가리를 방문한 적이 있으며 조선문학예술총동맹의 외국문학부장으로 선출되었다는 내용도 포함되어 있었다. 쇠베니는 시집 『봉선화』를 비롯해 현대 도덕 관념을 다룬 코메디 영화의 시나리오 「봄비」에 대해서도 언급하였으며[41] 무엇보다 서만일이 당시 19세기 헝가리의 대표적 혁명 시인 페퇴피 샨도르의 작품들을 북한에 소개하는 데 중요한 역할을 했다고 기록하였다.

페퇴피의 작품들은 20세기 초 동아시아의 여러 국가에서 번역되었

38) 『Világirodalmi Lexikon. Hatodik Kötet』, Akadémiai Kiadó, 1979년, 부다페스트, 576쪽.

39) Myers, Brian, 『Han Sorya and North Korean Literature. The Failure of Socialist Realism in the DPRK.』, Cornell East Asia Series, 1994년, 뉴욕, 150쪽.

40) 「해방 이후 북한 문학의 주요 주제와 문제점들」(원고, 정확한 작성일은 미상이나 본문 내용 상 1955년에 작성된 것으로 추정됨.)

41) 「북한 문학 관련 소식들」, 1956년 2월 16일, 평양.
「북한 문학 관련 소식들」, 1956년 3월 23일, 평양.

는데 중국어와 일본어로 번역된 이 시를 통해 1950년대 북한 문학계를 고찰해 볼 수 있다. 1907년, 페퇴피의 대표적 시 「사랑과 자유」는 중국 노신[42]에 의해 독일어 번역본에서 중국어로 재번역되었다. 당시 1930년대 중국에서는 군인들이 항일무장투쟁을 하면서 「사랑과 자유」를 낭송하였다. 동일한 시기에 일본에서도 아이바라 수수무에 의해 번역되었고 그 후 헝가리 목사 뻬프 페렌츠도 일본어로 번역하였다. 한편 일본에서는 1939년에 페퇴피협회(Dai Nippon Petőfi Kyokai)가 설립되었고 회원들은 페퇴피의 시 25편을 수록한 시선집을 발간하였다.[43]

페퇴피의 일본어 번역시들은 일제강점기에 한국인들에게도 알려졌다는 기록이 평양 주재 헝가리 외교 문서에 남아 있다. 헝가리 외교관들은 헝가리 의료단이 근무하고 있는 라코시 마챠쉬 병원 방문 시 여러 북한 지식인들과 만났다. 이때 만난 월북 시인 림화[44]도 페퇴피의 일본어 번역시들을 잘 알고 있었다. 그는 페퇴피의 시에 관심이 많다며 헝가리 외교관들에게 러시아어 번역시들을 보내달라고 부탁하였다. 외교 문서의 내용으로 미루어 보아 림화는 페퇴피의 시를 한국어로 번역할 계획이 있었던 것으로 추측된다.[45] 그러나 북한의 내부 정치 갈등으로 인해 번역 계획은 무산되었다. 그가 남한 출신이라는 점 외에도 마이어스의 연구에 의하면 카프시대부터 림화에 대한 한설야의 부정적인 견해도 작용하였다. 카프 회원들이 일제에 의해 다수 수감되었을 때 림화가 정신적으로 해이해졌다는 것도 이유 중의 하나

---

42) 노신(魯迅, Luxun. 1881-1936): 중화민국시대 문학자. 본명은 주수인(周樹人)이며 노신은 필명이다.

43) Mezey István, 『Az igazi Japán.』, A Magyar Nippon Társaság kiadása, 1939년, 부다페스트, 182–184쪽.

44) 林和(1908-1953): 월북 시인이자 평론가.

45) 헝가리 공문서 보관소, MNL XIX-J-1-k-1945-1964-Korea-18/b 9. doboz.

였다.[46] 한편 딸에게 쓴 「너 어느 곳에 있느냐」를 비롯해 「바람이여 전하라」, 「흰 눈을 붉게 물들인 나의 피 위에」 등의 작품은 사회주의 리얼리즘 원리의 창작기법을 제대로 살리지 못했다고 비판을 받았다. 림화는 월북 문인들 중 남로계 문인으로 지목된 설정식, 이태준, 김남천 등과 함께 1953년에 숙청되었다. 헝가리 대사관의 1953년 9월의 보고서에는 조선문학예술총동맹대회에서 림화를 비롯한 그와 관련된 인물들이 배신자로 낙인찍혔다는 것을 천명하였다고 기록되어 있다.[47]

헝가리 혁명 시인 페퇴피 샨도르

페퇴피 샨도르의 작품들은 1950년대 중반 헝가리 대사관의 보고서에 다시 등장한다. 쇠베니의 1956년 2월 16일자 보고서에 의하면 서만일의 리투아니아계 작가 출신 부인이 페퇴피 작품들을 번역하기 시작하였다.[48] 같은 해 3월 23일자 보고서에는 서만일이 페퇴피의 작품을 번역 중이며 이는 조선문학예술총동맹의 1956년 연간 계획에도 포함되어 있다고 기록되어 있다.[49] 1970년대 초반에 작성한 쇠베니의 이력서에는 북한에서 서만일이 페퇴피 작품을 번역하는 것을 도왔다고 기재되어 있다.[50]

1957년 9월 18일에 작성된 커르서이 러이요쉬 대리대사의 보고서

46) Myers, Brian, 『Han Sorya and North Korean Literature. The Failure of Socialist Realism in the DPRK.』, Cornell East Asia Series, 1994년, 뉴욕, 28쪽.

47) 헝가리 공문서 보관소, MNL XIX-J-1-k-1945-1964-Korea-18/b 9. doboz.

48) 「북한 문학 관련 소식들」, 1956년 2월 16일, 평양.

49) 「북한 문학 관련 소식들」, 1956년 3월 23일, 평양.

50) 「이력서」, 1972년 8월 29일, 부다페스트.

페퇴피 샨도르 동상 앞에서 열린 1953년 국경일 행사(부다페스트)(출처: Fortepan)

에 의하면 러시아어에서 한국어로 번역된『뻬떼피 시선집』이 평양에서 발간되었으며 발간된 지 얼마 지나지 않아 품절이 될 정도로 인기가 많았다.[51] 그러나 이 시집에는 처음 번역을 시작했던 서만일의 이름은 어디에도 존재하지 않았다. 대신 쇠베니가 1950년대 초에 헝가리어로 번역한「김일성 원수님께 바치는 어느 병사의 시」[52],「김일성 원수님의 생신을 위하여」[53]의 저자 홍종린이 역자로 표기되어 있다. 이 일의 배경에는 북한 내부 갈등의 영향도 작용한 것으로 추측된다.

51) 헝가리 공문서 보관소, MNL XIX-J-1-k-1945-1964-Korea-18/d 9. doboz.

52) 헝가리어 제목「Egy katona verse Kim Ir Szenhez」. 정확한 한국어 원제는 다를 수 있음.

53) 헝가리어 제목「Kim Ir Szen születésnapjára」. 정확한 한국어 원제는 다를 수 있음.

한편 페퇴피의 시들은 북한 주민들에게 영향을 끼친 것으로 보인다. 2000년대 중반, 미국 신문기자 바바라 데미크가 서울에서 인터뷰한 탈북자들 중 유준상(가명)은 이 시와 관련된 흥미로운 이야기를 들려 주었다. 그는 평양에서 「사랑과 자유」를 읽었으며 두만강을 건너 북한을 탈출하는 도중 연인을 생각하며 이 시를 읊었다고 회상하였다.[54)]

사랑과 자유

사랑과 자유!
이는 내가 념원하는 모든 것!
하기에 사랑을 위해서는 내
목숨을 바쳐 뉘우침 없으리라.
하나 자유를 위해서라면
사랑이여, 내 너마자 바치리라![55)]

Szabadság, szerelem

Szabadság, szerelem!
E kettő kell nekem.
Szerelmemért föláldozom
Az életet,
Szabadságért föláldozom
Szerelmemet.[56)]

---

54) Demick, Barbara, 『Nothing to envy.』, Spiegel & Grau, 2010년, 뉴욕, 279쪽.
55) 『뻬떼피 시선집』, 국립출판사, 1957년, 평양, 홍종린 역.
56) 페퇴피 샨도르는 이 시를 1847년 1월 1일에 페스트에서 완성하였다.

쇠베니는 이전의 보고서에서 이미 서만일의 숙청을 예고한 바가 있다. 1955년 5월 23일, 평양 주재 헝가리 대사관이 주요 북한 작가들을 만찬에 초청하였다.[57] 초청장은 북한 외무성의 의전실을 통해 전달했는데 초청된 7명 중에는 한설야, 백인준, 홍석철, 서만일 등이 포함되어 있었다. 북한 의전실은 초청 받은 백인준[58]과 한 명은 먼 지방에 있어서 참석이 불가능하나 나머지 5명은 참석할 예정이라고 헝가리 대사관에 회신하였다.

그러나 만찬 직전 홍석철도 갑자기 아파서 참석할 수 없다고 선전부로부터 연락이 왔다. 결국 초대받은 7명 중 한설야와 다른 한 명만이 만찬에 참석하였다. 한설야는 얼마 전 서만일과 통화했던 이야기를 꺼냈다. 서만일은 대사관 만찬에 대해 처음 듣는다며 의아해 했다고 한다. 쇠베니는 이 보고서에서 서만일이 지난 몇 달 전부터 연회 등 공식 석상에서 사라졌다고 덧붙였다.[59]

한편 또다른 보고서에서는 서만일에 대한 비판들을 자세히 전하였다.[60] 1955년 말, 북한 언론에는 문학생활에 유해한 부르주아 관념이 등장했다는 기사 두 편이 실렸다. 구체적으로 어느 작가의 어떤 작품들이 해당되는지 기사 내용에는 포함되어 있지 않았으나 쇠베니는 해당 작품들이 사회주의적 리얼리즘 원리에 비해 주인공의 부적합함과 묘사의 부족을 이유로 조선노동당으로부터 많은 비판을 받았다는 말

---

57) 헝가리 공문서 보관소, MNL XIX-J-1-j-1945-1964-Korea-5/f 7. doboz.

58) 白仁俊(1920- 1999): 평안북도 운산군 출생. 1980년대 후반에는 조선문학예술총동맹 위원장 역임. 대표작으로는 「성장의 길에서」, 「금희와 은희의 운명」, 「민족의 태양」 등이 있다.

59) 헝가리 공문서 보관소, MNL XIX-J-1-j-1945-1964-Korea-5/f 7. doboz.

60) 「1955년 문화 요약본」(원고, 정확한 작성일은 미상이나 본문 내용 상 1956년 초에 작성된 것으로 추정됨.)

을 비공식 경로를 통해 들었다.

일례로 서만일이 집필한 희곡「가족」은 주인공인 노인 기술자와 같은 사람들이 북한의 사회 계층을 구성하고 있는 것으로 표현되었다. 그러나 이들은 소수일뿐이라는 이유로 북한에서 비판을 받았다. 서만일 외에 백인준도 동일한 이유로 비판을 받았다. 백인준의「최학신의 일가」는 어느 목사의 가족에 관한 내용으로 극장에서 상연되다가 비판을 받게 되자 상연을 중단하였다.[61]

마이어스의 연구에 의하면 서만일은 1958년 하반기에 숙청되었다. 같은 해 11월에는 조선문학지의 편집위원 명단에서 제명되었으며[62] 정확한 사망 시기는 밝혀지지 않았다.

북한의 고전문학 작품집

1950년대 중반부터 북한에서는 문학작품 외에도 기록문화유산과 관련된 간행물들이 출판되기 시작하였다. 1954년에는 조선문학예술총동맹 수립 8주년 기념으로 고전문학작품들을 수집해 출간하기로 결정되었으며 쇠베니는 보고서에서 고전문학, 고전시, 속담 등을 포함한 서적『문예작품』의 출간이 계획되어 있다고 언급하였다. 한편 노동신문은 민요와 판소리 음반 발매 계획도 발표하였으며 소년신문은 독자들에게 전래동화를 공모하였다.[63]

---

61)「1955년 문화 요약본」

62) Myers Brian,『Han Sorya and North Korean Literature. The Failure of Socialist Realism in the DPRK』, Cornell East Asia Series, 1994년, 뉴욕, 144쪽.

63)「북한 관련 소식들」, 1954년 1월 27일, 부다페스트.

조선속담집(출처: ELTE대학교 동아시아학부 도서관)

쇠베니는 1954년 11월 20일자 보고서에 신라 시대에 애국 충정을 노래한 고전시들이 서적으로 출간되었으며 3-4세기에 쓰여진 이 시들의 언어를 이해하는 것이 어렵다고 기록하였다. 그 후의 보고서에는 신라 시대의 시문들이 포함되어 있는 시문선집『동인지문』[64]이 발견되었으며 이를 현대문으로 바꾼 서적이 간행될 예정이라고 기록되어 있다.[65] 한편 3세기 고구려 시대의 시문들을 모은 서적이 간행되었는데 쇠베니는 이 시문들의 분위기와 형식이 일본의 시문들과 유사했다고

64) 동인지문(東人之文): 고려 말 최해(崔瀣)가 신라 최고운(崔孤雲)에서 고려 충렬왕 때까지 명가(名家)의 시문을 모아 간행한 한국에서 현재 전존(傳存)하는 최초의 시문선집으로 알려져 있다.

65)「1955년 문화 요약본」

기록하였다.[66] 쇠베니는 이 보고서에서 고구려 시문들이 어느 시대의 일본 시문들과 유사한지 자세히 언급하지 않았지만 그가 10세기 일본 시문들을 연구 및 논문을 발표하기도 한 것으로 미루어 보아 10세기 일본 시문들과 유사하다고 생각했던 것으로 추측된다.

앞서 언급한 사실들을 종합해 볼 때 적어도 1950년대 중반에는 북한이 삼국시대에 대한 객관적 관점을 가지고 있었던 것으로 평가할 수 있다. 그러나 오늘날 북한의 공식 관점은 고구려에 대해 매우 긍정적인 반면 신라에 대해서는 매우 부정적으로 기술하고 있는 것이 상당히 대조적이다.

1955년 초에는 평양의 국립출판사에서 『조선속담집』이 출간되었고[67] 그 후 『춘향전』, 『심청전』, 『흥부와 놀부』를 비롯한 조선시대의 고전소설과 전래동화가 수록된 『조선고전소설』[68]이 출간되었다. 특히 『흥부와 놀부』는 소련에서 『라스토츠카』라는 제목의 동화책으로 출간되었다.[69]

북한의 극예술

쇠베니는 문화관으로 재직 당시 북한의 극예술에도 관심이 많았으며 보고서에서도 자주 언급하였다. 북한 당국이 각종 연회와 행사 장소로 자주 사용한 평양의 모란봉극장과 지하고전예술극장은 공연 수가 비교적 적은 편이었다. 쇠베니의 1955년 4월 4일자 보고서에 의하

66) 「북한 문학 관련 소식들」, 1954년 11월 20일, 평양.
67) 「북한 문학 관련 소식들」, 1955년 2월 24일, 평양.
68) 정확한 한국어 제목은 다를 수 있음.
69) 「북한 문학 관련 소식들」, 1956년 2월 16일, 평양.

면 재건축된 국립예술극장은 모란봉극장과 지하고전예술극장에 이은 평양의 세 번째 극장으로 사용되었다. 국립예술극장의 초연작은 한국전쟁을 배경으로 한 「광부들」이었다.[70] 한편 쇠베니의 또다른 보고서에는 북한의 네 번째 극장으로 꼽히는 동평양예술극장이 처한 상황이 언급되어 있다. 전쟁 중에 무대가 완전히 파괴된 동평양예술극장 소속 배우들은 늘 타 극장에서 공연하는 것에 익숙해져 있었다. 당시 조선인민군예술단과 국립최승희무용연구소가 처한 상황도 동평양예술극장과 크게 다르지 않았다.[71]

1950년대에는 한국전쟁 배경을 배경으로 한 현대물 외에 고전극들도 점차 자주 상연되었다. 쇠베니가 외교관이 되기 전인 1953년 8월 15일에 집필한 원고에는 북한에서 현대적으로 각색한 춘향전이 무대에 올려질 예정이라는 내용도 포함되어 있다.[72] 한편 이듬해 1월에 발행된 화보 『인민 조선』에서는 관련 기사와 다수의 사진을 통해 평양의 지하고전예술극장에서 상연된 『춘향전』이 흥행에 성공했다는 것을 대대적으로 홍보하였다.[73]

쇠베니의 1955년 12월 보고서에 의하면 부다페스트의 국립극장은 『춘향전』을 부다페스트 무대에 올리는 것에 많은 관심을 가지고 있었다. 그러자 평양 주재 헝가리 대사관은 『춘향전』이 수록된 『조선고전소설』을 부다페스트의 국립극장 대표 머요르 터마쉬에게 전달하였다. 당시 헝가리 대사관의 공문에는 쇠베니의 제안에 따라 부다페스트에

70) 「북한 문학 관련 소식들」, 1955년 4월 4일, 평양.

71) 「1955년 문화 요약본」(원고, 정확한 작성일은 미상이나 본문 내용 상 1956년 초에 작성된 것으로 추정됨.)

72) 「북한 문학 관련 소식들」, 1953년 8월 15일, 부다페스트.

73) 「북한 관련 소식들」, 1954년 1월 27일, 부다페스트.

연극『춘향전』장면(출처: Democratic People's Republic of Korea 1948-1958)

서 유학 중인 북한 학생들에게 번역을 맡겨 헝가리어 번역본을 토대로 각색한『춘향전』을 헝가리에서도 상연할 수 있을 것이라는 내용이 기록되어 있다.[74]

그러나 약 10개월 후 1956년 10월 23일에 헝가리에서 일어난 반소

74) 헝가리 공문서 보관소, MNL XIX-J-1-k-1945-1964-Korea-18/b 9. doboz.

헝가리에서 출판된 춘향전 『춘향의 사랑』(출처: ELTE대학교 동아시아학부 도서관)

혁명과 혁명 이후 양국 간 관계 등 헝가리 국내외 정치 상황과 맞물려 『춘향전』의 헝가리어 번역서는 그로부터 3년이 지난 1958년에 『춘향의 사랑』이라는 제목으로 발간되었다. 이 책은 당시 북한 유학생이었던 반경갑과 토트 티보르가 공동 번역하였다.[75)]

1954년 가을, 모란봉극장에서는 새 연극 『꽃신』이 상연되었다. 쇠베니는 현지인들로부터 『꽃신』이 한국 전래동화라고 들었지만 북한판 신데렐라라고 생각하였다.[76)]

다음은 부인 요브에게 쓴 편지의 일부이다.

> 어젯밤에는 모란봉극장에 다녀왔소. 이 극장은 모란봉에 있는데 지하 고전예술극장 위에 있소. 모란봉극장은 부다페스트 극장들과 견줄 만 하오. 모란봉극장은 꽤 크오. 그러나 1층만 있고 2층에는 칸막 좌석 몇 개만 있을 뿐 커르저트(보통 VIP용 2층 중앙관람석-저자 주)는 없소. (그래서 웽조사전에 수록할 '커르저트'에 해당하는 한글 단어를 찾는 것이 어려웠소.)[77)] 연극 「꽃신」을 봤는데 현지인들은 한국 전래동화라고 하오. 그러

---

75) 『춘향의 사랑』, Európa Könyvkiadó, 1958년, 부다페스트. 반경갑, Tóth Tibor 역.

76) 「북한 문학 관련 소식들」, 1954년 11월 20일, 평양.

77) 그 후 쇠베니는 웽조사전에 'karzat'를 '관중대'로 번역해 수록하였다.

평양의 모란봉극장(출처: Democratic People's Republic of Korea 1948-1958)

> 나 우리의 신데렐라와 똑같소. 「꽃신」의 음악은 이면산이 작곡했는데 현대적인 서양식 오케스트라가 연주하였소. 나는 이면산과 잘 아는 사이오. 「꽃신」에는 발레와 합창이 많이 포함되어 있었고 무대의상은 정말 환상적이었소. (배우들의 의상이 한데 모여) 천여 가지 색상이 조화를 이루는 이 실크 의상은(한복-저자 주) 유럽에서는 상상조차 할 수 없을 정도였소.[78]

1955년 봄, 북한에서는『심청전』을 무대에 올리기 위해 각색을 시작하였다. 당시 북한에 거주하고 있던 외국인들은 상연 전부터 연극『심청전』에 관심이 많았다.[79] 쇠베니는 북한에서 고전소설을 현대적 감각

78) 1954년 10월 11일, 평양.
79)「북한 문학 관련 소식들」, 1955년 5월 3일, 평양.

연극 「심청전」의 팜플렛

연극 「심청전」의 일부(출처: KNDR, 1958년)

으로 각색해 상연하는 것을 높이 평가하였다. 이렇게 재탄생한 연극들은 유럽 어느 극장에 내 놓아도 손색이 없다며 흥행 성공을 확신하였다. 반면 북한 현대극은 그다지 마음에 들지 않았다. 극작가를 비롯한 감독, 배우들에게 현대극 경험이 거의 없었고 무엇보다 공연 횟수가 적었기 때문에 연극 발전 기회 역시 적었기 때문이었다.[80]

한류의 시초 최승희

쇠베니는 북한의 당대 최고 무용수였던 최승희[81]에 대해서도 자세

80) 「1955년 문화 요약본」(원고, 정확한 작성일은 미상이나 본문 내용 상 1956년 초에 작성된 것으로 추정됨.)

81) 崔承喜(1911-1969): 서울 출생. 무용수. 해방 후 월북하였다. 한설야는 1958년에 작성한 보고서 「조선문학발전에 대하여」에서 북한 문학의 카프의 중추적 역할을 설명하고 회원들을 언급하였다. 특히 최승희는 카프 회원은 아니었

월북한 최승희의 장고춤(출처: 브오스보즈제노이 코레, 모스크바, 1948)

히 기록하였다. 서울에서 태어난 최승희는 일제강점기 때 해외에서는 이미 유명 인사였다. 일본에서 이시이 바쿠에게 사사를 받은 후 귀국해 비평가 안막[82]과 결혼하였다. 점차 국제적인 명성을 얻으며 1936년부터 4년 간 유럽을 비롯해 남미에서 해외 순회공연을 한 최승희는 한국 전통 춤으로 한국 문화를 외국에 전파한 한류의 시초라고 할 수 있

지만 남편 안막이 회원이었기 때문에 최승희도 카프 회원이나 마찬가지라는 어조로 발언을 하였다.(출처: 헝가리 공문서 보관소MNL XIX-J-1-j-1945-1964-Korea-5/e 6. doboz)

82) 安漠(1910- 미상): 비평가, 무용가 최승희의 남편. 와세다 대학 노문과에서 수학하였으며 1930년대 초반 카프(조선프롤레타리아예술가동맹)에서 활발히 활동을 하다가 1930년대 중반 카프가 해체되고 투옥되었다. 그리고 광복 후 월북하였다.

월북한 최승희와 제자들(출처:『브오스보즈제노이 코레』)

다.

그러나 해방 이후 친일파로 낙인 찍힌 최승희는 1946년 여름 수제자인 김백봉과 함께 어선을 타고 월북하였다. 10여 일 간의 험난한 여정을 거쳐 어렵게 북한에 도착한 최승희는[83] 얼마 지나지 않아 평양에 자신의 이름을 내 건 '국립최승희무용연구소'를 설립하였다.

1947년, 소련 작가 내브리츠키와 부니모비치는 평양에서 최승희를 방문한 후 소련에서 간행한 저서에 다음과 같이 기록하였다.

예술가 최승희와는 민주여성동맹 회의에서 알게 되었다. 그녀는 서양

83) 내브리츠키와 부니모비치,『브오스보즈제노이 코레』, 1948년, 모스크바.

식 옷을 입고 있었다. 최승희를 회상하면 예쁜 얼굴과 늘씬한 몸매, 부드러운 손이 떠오른다. 그녀는 얼마 전에 설립한 자신의 무용연구소에 우리를 초대했다.

우리가 탄 트럭은 많은 조명등, 케이블, 버팀목, 카메라를 싣고 대동강 강변에 있는 2층짜리 기와지붕 건물 앞에 도착했다. 트럭이 도착하자 검정색 발레복을 입은 최승희의 십대 소녀 제자들이 밖으로 뛰어나왔다. 최승희는 김백봉의 도움을 받아 무용 연습 과정을 보여주었다. 소녀들은 최승희의 발레 동작들을 따라 하였다. 음악에 맞춰 몸을 앞으로 숙였다가 다시 뒤로 젖혔다. 소녀들의 동작은 음악과 하나가 되었다.

최승희의 무용을 설명하는 것은 매우 어려운 일이다. 왜냐하면 굉장히 독창적이기 때문이다. 그녀의 동작들은 조화롭고 정확하며 입체적이다. 풍부한 표현 뒤의 절제된 표정, 정확한 리듬 감각. 주된 표현은 손의 움직임으로 말한다. 팔의 움직임으로는 감정의 변화를 표현한다. 이 움직임을 나는 잊을 수 없다. 옛날 무용수들의 빠른 동작들과 석불을 떠올리게 하는 근엄함이 일치된다. 조각상같이 정지되어 있다가 한순간에 발랄한 한국의 생동감 있는 움직임으로 변한다.[84)]

부다페스트 무대에 서다

총 88명으로 구성된 최승희와 북한 예술단은 1951년 8월 동독에서 개최된 세계 청년학생축전에서 성황리에 공연을 마치고 폴란드와 체코슬로바키아에서도 공연을 하였다. 최승희가 부다페스트에서 공연을 한 사실은 그 동안 세간에 잘 알려지지 않았다. 따라서 저자는 북한

---

84) 내브리츠키와 부니모비치, 『브오스보즈제노이 코레』, 1948년, 모스크바 (러시아어에서 헝가리어로 번역: 오슈바트 가보르 교수).

예술단이 동독을 비롯한 여러 사회주의 국가에서 순회공연을 하는 과정에서 부다페스트에서도 공연을 했을 것이라는 확신을 가지고 다방면으로 최승희의 자취를 찾기 시작하였다. 결국 여러 공문서 보관소와 언론사들의 자료를 통해 최승희뿐만 아니라 최승희의 딸 안성희도 예술단 단원으로 부다페스트에서 공연을 한 사실을 밝혀냈다.

안성희는 여러 사회주의 국가에서 유명한 무용수였다. 1951년 초에 안성희가 한국전쟁 중에 사망했다는 소문이 있었는데 동독에서 개최된 청년학생축전에서 공연을 했다는 소식은 안성희의 사망 소문을 불식시켰다. 한편 헝가리 언론은 안성희는 사망하지 않았으며 군부대에서 위문공연을 하고 전쟁 중에는 무장투쟁을 했다고 보도하였다.

최승희와 안성희를 포함한 북한 예술단은 1951년 9월 17일에 부다페스트에 도착했다. 헝가리 공문서 보관소의 자료에 따르면 북한 예술단의 헝가리 방문은 그다지 순조롭지 않았다.[85] 주 헝가리 북한 대사관은 예술단 도착 전부터 체코슬로바키아에서는 거대한 환영 인파가 북한 예술단을 환영했으며 여러 차관이 그들을 영접했다고 헝가리 외무부에 미리 통보하는 한편 체코슬로바키아와 유사한 헝가리의 북한 예술단 환영을 기대한다는 의사를 간접적으로 표명하였다.

헝가리 외무부의 보고서에 의하면 북측으로부터 자주 바뀌는 정보들을 통보 받아 예술단 도착 전 준비 과정에서 여러 가지 어려움을 겪었다. 북한 정부는 당초 10일로 계획된 예술단의 체류 일정을 4일로 단축하기로 결정하였다. 따라서 헝가리 당국은 기존 계획을 변경해 10일 일정을 축소시켜 4일 일정으로 다시 준비하였다.

그러나 9월 17일 저녁에 도착하기로 예정되어 있던 예술단은 17일

85) 헝가리 공문서 보관소, MNL XIX-J-1-k-1945-1964-Korea-18/c 9. doboz.

아침에 도착할 것이라며 도착 이틀 전에 갑자기 일정을 변경하였다. 이에 헝가리 당국은 환영 행사를 급히 앞당겨 준비해야 했다. 17일 아침에 도착한 예술단은 부다페스트에 도착하자마자 당초 계획대로 10일 동안 부다페스트에 체류할 것이라며 다시 일정을 번복하였다.

라코시 마차쉬 총비서(출처: Fortepan)

최승희는 헝가리인 관계자들과 함께 공연장으로 섭외된 뵈쇠르메니 거리에 위치한 경찰사관학교를 둘러 보았다. 그러나 최승희는 경찰사관학교가 공연장으로 부적합하다고 판단하였고 결국 리허설 장소와 주 공연장은 오페레트 극장(Fővárosi Operettszínház)으로 최종 결정되었다. 오페레트 극장에서는 북한 예술단의 공연이 총 다섯 차례 있었다. 오페라 하우스(Magyar Állami Operaház) 공연에서는 1부가 끝나고 인터미션이 시작되자 당시 헝가리 노동자당의 총비서 라코시 마챠쉬[86]가 북한 예술단원들을 환

86) Rákosi Mátyás(1892-1971): 헝가리 공산주의 독재자. 무역아카데미 출신으로 제 1차 세계 대전 시 군복무를 하였다. 1919년에 헝가리에서 100일간 유지되었던 소비에트 공화국의 상업부 차관을 역임하였다. 헝가리 소비에트 공화국이 무너진 후에는 외국으로 망명하였다. 그 후 불법으로 헝가리 귀국하여 공산주의 활동을 하다가 1925년부터 1940년까지 수감되었다. 제 2차 세계 대전 당시 소련에 망명하였으며 1940년대 말에는 헝가리 공산주의 세력의 1인자가 되었다. 헝가리 노동자당의 총비서로 활동하였다.

부다페스트에서 공연 중인 북한 예술단(출처: 헝가리 〈여성주간지〉)

영하고 격려하였다. 그 후 예술단은 증기기관차 제조공장 마버그(MÁVAG), 방직공장, 체펠의 라코시 마챠쉬 총비서 이름의 공장, 지방 도시 죄르의 열차 객차 제조공장, 그리고 한창 건설 중에 있던 사회주의의 대표적 공업 도시 '스탈린의 도시'[87] 등에서 여러 공장을 방문해 공연하였다.

북한 예술단은 헝가리 당국이 주최한 오찬과 만찬에 자주 초청를 받았다. 부다페스트에 위치한 머르기트 섬의 호텔, 헝가리 고급 레스토랑 '군델', '겔레르트 호텔'이 주된 연회 장소였다.

당시 헝가리 언론은 북한 예술단의 공연을 상세히 보도하였다. 〈여성주간지〉[88]는 다수의 사진과 함께 최승희와 안성희 모녀가 공연한 「조선어머니」를 소개하였다. 「조선어머니」는 어느 조선의 어머니가 전

87) 현재의 도시명은 두너우이바로쉬(Dunaújváros)이다.

88) Lők Lapja

안성희의 칼춤
(출처: 헝가리 〈여성주간지〉)

최승희의「조선어머니」

쟁 중에 아기를 품에 안고 공습을 피해 도망치는 과정에서 아기가 죽자 어머니는 죽은 아기를 안고 슬퍼하면서 한국전쟁이 민족적 비극임을 표현하였다. 이때 최승희가 어머니 역할을 맡았다. 반면 젊은 어머니 역할을 맡은 안성희는 빨치산 유격대에 합류한다. 그러다가 미군의 포로가 되어 고난을 당하지만 빨치산 유격대가 도착해 구출될 때

안성희와 최승희(출처: 헝가리 일간지 〈서버드 넵〉)

까지 꿋꿋이 견뎌 낸다.[89)]

북한 예술단은 헝가리 공연을 성황리에 마쳤다. 헝가리 관계자들도 예술단의 성공적인 공연을 위해 많은 노력을 하였다. 뿐만 아니라 헝가리 당국은 북한 예술단을 오찬과 만찬에 자주 초청하였다. 부다페스트 소재 머르기트 섬의 호텔, 헝가리 고급 레스토랑 '군델', '겔레르트 호텔'이 주요 연회 장소였다.

그러나 주 헝가리 북한 대사 권오덕과 북한 예술단 대표들은 헝가리 당국의 준비가 부족했다며 수 차례 불만을 토로하였다. 오히려 동독, 폴란드, 체코슬로바키아가 훨씬 더 준비를 잘 했다며 헝가리와 자주 비교하였다. 북한 예술단의 숙소는 20세기 초에 건축된 부다페스트의 유명한 겔레르트 온천호텔이었다. 예술단 대표들은 이 호텔에 단원들이 모두 모여 회의할 수 있는 큰 규모의 회의장이 없다고 불평하였다. 또한 헝가리 당국이 예술단을 청년 정치 사절단이 아닌 예술

89) 「Művészek, hősök, harcosok.」, In: Nők Lapja, 1951년 9월 20일.

단으로 영접하였으며, 체코슬로바키아의 군대로부터 축하를 받은 전쟁 영웅 출신 예술단원 두 명은 헝가리 당국으로부터 특별 예우를 받지 못했다고 불평하였다.

결국 북한 예술단 대표들의 불만을 수용해 헝가리의 육군 중장 노그라디가 두 명의 전쟁 영웅을 특별 예우하였으며 모든 군 출신 예술단원들을 영빈관 '파크 클럽'에 초청하였다. 그 후 예술단원 전원은 헝가리 당국에 의해 오페라 하우스에 세 차례 초청을 받아 호두까기 인형, 카르멘, 돈 카를로스 등을 관람하였다.

한편 헝가리 최대 일간 신문 〈서버드 넵〉은 두 명의 전쟁 영웅 단원을 지면을 통해 자세히 소개하였다. 스물 네 살의 대위 옥지선은 단독으로 미군 150명을 포획했다고 보도하였다. 그는 정선군의 정찰 활동 중 적군600명을 포로로 잡았으며 군수품을 실은 트럭 42대를 탈취하였다. 또 다른 영웅인 스물 한 살의 간호사 림순임은 어릴 적 만주에서 살았으며 중국에서 시민전쟁이 시작되자 중국인민해방군에 합류하였다. 한국전쟁 당시 단양시 병원에서 간호사로 근무하였다. 미군의 공습으로 병원이 불에 타자 림순임은 젖은 수건으로 입을 가리고 병상에 누워 있던 환자 80명을 홀로 탈출시켰다. 림순임은 환자를 구출하러 화염에 휩싸인 병원에 들어갈 때마다 젖은 손수건을 가슴에 대고 들어갔는데 목에 멘 노동당 당원증을 보호하기 위해서였다고 〈서버드 넵〉이 보도하였다.[90)]

북한 예술단은 가는 곳마다 많은 선물과 환대를 받았다. 체펠의 마챠시 라코쉬 공장 방문 시에는 현장에서 생산된 자전거 두 대와 방직공장에서는 예술단 전원이 실크 스카프를, 지방 도시 죄르에서는 화

---

90) Kürti László, 「A koreai művészegyüttes fiataljai között.」, In: Szabad Nép, 1951년 9월 19일.

병과 도자기 제품들을 선물로 받았다. 전쟁 영웅들은 헝가리 군대로부터 특별히 손목시계를 받았다. 나머지 남성 단원들은 은으로 제작된 담배 케이스를, 그리고 여성 단원들은 은으로 제작된 화장품 케이스를 선물로 받았다. 뿐만 아니라 헝가리 노동자 청소년 연맹으로부터는 대형 오디오기기와 악기들, 그리고 의료기기들을 받았으며 헝가리 문화교류원으로부터는 악기들과 모피 코트, 그리고 예술단 전원이 라이터와 헝가리산 수예품을 선물로 받았다. 특별히 최승희는 코트와 의류 한 벌, 구두, 스타킹을 비롯해 헝가리 국립예술단으로부터 의류 한 벌을 선물로 받았다.

북한 예술단은 부다페스트에서 10일 간의 체류를 마치고 1951년 9월 27일에 루마니아로 출발하였다. 그러나 출발 과정도 그다지 순탄치는 않았다. 북한 예술단은 루마니아행 예술단 전용 특별 열차를 요구하였으나 헝가리 당국은 다급히 특별 열차를 마련할 수 없게 되자 일반 열차에 예술단 전용 침대칸 객차 네 량을 연결해 제공하였다. 한편 두 명의 전쟁 영웅은 예술단과 함께 루마니아로 이동하지 않고 헝가리 군대의 귀빈으로 부다페스트에 며칠 간 더 체류하며 접대를 받았다.[91)]

무용극 「사도성의 이야기」

북한 예술단이 여러 중동유럽 국가에서 순회공연을 하는 동안 북한의 내부 정치 갈등은 최승희와 그의 남편 안막에게 부정적인 영향을

91) 헝가리 공문서 보관소, MNL XIX-J-1-k-1945-1964-Korea-18/c 9. doboz.

「사도성의 이야기」 팜플렛

연극「사도성의 이야기」 공연 모습(출처: Democratic People's Republic of Korea 1948-1958)

미쳤다. 소련계는 조선문학예술총동맹을 이끄는 한설야를 공격하기 위하여 한설야와 친분이 두터운 최승희와 안막을 먼저 표적으로 삼았다.[92] 소련계에 의해 움직이고 있던 선전부는 당대 최고의 인기를 누리고 있던 최승희를 무너뜨리기 위해 노력하였다. 최승희가 해외 순회공연에서 귀국한 뒤 동독 학생축전에서 공연한 작품들을 평양의 지하고전예술극장에서 공연하기로 예정되어 있었으나 선전부는 갑자기 이를 불허하였다. 그러자 최승희는 즉시 김일성에게 도움을 청해 당초 계획대로 지하고전예술극장에서 공연을 마쳤다.[93]

최승희와 관련된 쇠베니의 유품 중에는 「사도성의 이야기」에 대한 자료들이 많이 남아 있다. 당시 북한에서 문화관으로 근무하고 있던 쇠베니는 1955년 1월 18일 평양 모란봉극장에서 국립최승희무용연구소가 공연한 「사도성의 이야기」를 관람한 후 상세한 보고서를 작성하였는데 「사도성의 이야기」라는 제목의 원고가 현재까지 남아 있다. 최승희가 원작, 안무뿐만 아니라 주연을 맡은 「사도성의 이야기」는 5막 6장의 무용극으로 부채춤과 칼춤, 발레의 다양한 형식을 무대에서 선보였다. 그 후 1956년 북한에서 제작된 컬러 영화에서도 최승희가 주연으로 활약하였다.

신라시대를 배경으로 동해안의 사도성(沙道城) 성주(城主)의 딸 금희와 어부 출신 군졸 순지와의 사랑에 관한 이야기로 내용은 다음과 같다.

사도성 성주의 딸 금희는 어부 출신 신라인 순지와 서로 사랑하는

92) Myers, Brian, 『Han Sorya and North Korean Literature. The Failure of Socialist Realism in the DPRK.』, Cornell East Asia Series. New York, 1994. 79-80쪽.

93) Myers, Brian, 같은 책, 1994년, 뉴욕, 79-80쪽.

최승희의 환영 행사(체코슬로바키아)(출처: KNDR, 1958)

사이이다. 그러나 무관이자 간신인 아한이 금희와 결혼을 원하자 금희의 계모도 아한을 지지한다. 쇠베니에 의하면 남녀 간의 사랑을 다룬 이 부분에 키스 장면은 전혀 없고 남자 배우가 금희의 손을 잡는 것으로만도 북한 관객들은 열광하였다. 바닷가에 등장한 해녀들은 허리에 어망을 매달고 있었고 팔과 어깨를 훤히 드러내고 있었다. 쇠베니는 북한 연극에서 팔과 어깨를 드러내는 것이 최대의 노출이며 북한 관객들은 이것만으로도 상기되었다고 기록하였다.

섬나라에서 도착한 사무라이들이[94] 사도성을 공격하기 시작하였다. 아한은 관군을 이끌고 출전하지만 패배한다. 한편 어부 출신 군졸 순지는 의병을 거느리고 적진을 향해 진격해 아한을 구출한 뒤 사무

---

94) 쇠베니는 외적을 사무라이라고 표현하였다.

라이 수장과 격전을 벌인다. 금희도 가세해 양손에 긴 칼을 들고 싸웠으나 사무라이들의 포로가 되고 만다. 제 5막에서는 순지가 사무라이 수장을 찌르고 금희를 구출하며 결국 순지와 금희는 의병을 거느리고 외적을 물리친다. 순지와 금희가 관군과 백성들 사이에서 춤을 추며 승리의 기쁨을 만끽하는 찰나 동쪽 하늘에 해가 뜨며 막이 내린다.'[95]

쇠베니는 원고에서 당시 평양 언론들의「사도성의 이야기」관련 기사들을 소개하면서 최승희의 안무와 특히 양손에 칼을 든 칼춤, 그리고 풍부한 표현을 높이 평가하였다.「사도성의 이야기」에 출연한 의병들의 복장은 당시 1950년대의 일반인들이 입는 조선옷과 유사하였다. 그러나 아한 등 양반들의 복장은 사무라이들의 옷과 유사하였다. 이는 당시 양반계층은 외적들과 차이가 없다는 것을 나타내고 있으며 순지와 함께 외적을 물리친 의병들의 후손들이 바로 북한 주민들이라는 것이 중심 내용이라고 쇠베니는 기록하였다. 한편「사도성 이야기」는 유럽 어느 극장에 내놓아도 손색 없는 작품이며 반드시 흥행에 성공할 것이라고 극찬하였다. 쇠베니의 이러한 예견은 적중하였다. 1957년에 최승희가 북한예술단을 이끌고 소련, 불가리아, 루마니아, 알바니아, 체코슬로바키아 등 중동유럽 국가에서 총 83회 성공적인 공연을 하였는데 이때「사도성의 이야기」외에도「맑은 하늘 아래」,「조선의 어머니」등을 선보였다.

이때 북한에서 반 수정주의 운동이 시작되자 최승희와 안막은 내리막길에 들어섰다. 최승희는 최고인민회의로부터 퇴출당하였다. 남편 안막은 평양음악대학 학장직을 그만 두게 되었으며[96] 그 후 가택연금

95)「사도성의 이야기」, 작성일 미상.(원제: Szado vári mese. Balett 5 felvonásban, 6 képben.).

96) Myers, Brian,『Han Sorya and North Korean Literature. The Failure of

에 처해졌다가 숙청당하였다. 반면 최승희는 한설야의 도움으로 조선 무용회 회장으로 1961년에 잠깐 부활했다가[97] 1960년대에 사라졌다. 북한에서는 1969년에 사망했다고 알려져 있으나 정확한 사망 연도와 사망 원인은 미상이다.

월북 화가 정온녀와 북한 미술

헝가리 대중은 1953년에 '코리아는 자유를 위하여'라는 주제로 부다페스트에서 열린 전시회에서 최초로 북한 미술품을 접하게 되었다. 쇠베니는 이 부다페스트 전시회 이후부터 북한 미술이 발전하기 시작했으며 미술 작품수가 점차 증가하자 북한 정부도 미술에 많은 관심을 가지기 시작했다고 1956년 초의 보고서에 기록하였다.

20세기 초까지는 동양화풍이 주류를 이루었으며 현대 서양식 유화, 수채화는 최근에 등장하였다. 20세기 초부터는 미술이 비체계적으로 발전하였는데 자연주의를 비롯한 상징주의, 인상주의, 초현실주의가 혼재하였다.[98] 해방 후에는 공산주의 체제에 회의를 느낀 예술가들이 월남하거나 남한에서도 정치적인 이유로 월북한 예술가들이 있었는데 쇠베니가 1954년 9월에 부인에게 보낸 편지에 짤막하게 언급한 정온녀[99] 역시 월북 화가였다.

Socialist Realism in the DPRK.』, Cornell East Asia Series, 1994년, 뉴욕, 116쪽.

97) Myers, Brian, 같은 책, 126쪽.

98) 「1955년 문화 요약본」(원고, 정확한 작성일은 미상이나 본문 내용 상 1956년 초에 작성된 것으로 추정됨.)

99) 鄭溫女(1920~?): 일제강점기에 일본에서 유학하였으며, 남한에서 활발한 작품 활동을 하다가 1950년 9 · 28 서울 수복 때 월북하였다. 이후 자강도미술창

월북 화가 정온녀

> 우리는 어제 화가 한 명을 방문했소. 아주 좁은 방에 가구라고는 작은 탁자와 의자 한 개가 전부였소. 이곳 사람들은 바닥에 누워 잠을 자오.[100)]

헝가리 공문서 보관소의 외교 문서에 의하면 쇠베니는 1955년 1월 27일에 화가 정온녀를 다시 방문하였다.[101)] 정온녀는 '광복 10주년 기념 전시회'에 「추수」와 「사회주의 노동의 영웅」 등 작품 두 점을 출품하기 위해 준비 중이라고 설명하였다. 정온녀는 좁은 방에서 그림을 그리거나 야외에서 그림을 그린다고 하였다. 화가협회 작업실에서도 작업이 가능하나 너무 춥고 또한 다른 화가들이 이야기하는 소리 때문에 집중해서 작업하기에 적당하지 않다고 하였다.

쇠베니는 북한 정부가 얼마나 예술활동에 관여하는지 물어보았다.

작사 소속으로 활동하며 국가전람회 심사위원을 역임하는 등 북한 화단에서 두각을 나타냈다.

100) 1954년 9월, "A", 평양.

101) 헝가리 공문서 보관소, MNL XIX-J-1-k-1945-1964-Korea-18/e 9. doboz.

정온녀는 상황이 조금 나아진 편이며 예술가들이 정부로부터 매달 지원금을 받는다고 하였으나 정확한 금액은 언급하지 않았다. 쇠베니가 다른 경로를 통해 들은 바에 의하면 예술가들은 매월 2천 원을 지급받았다. 그러나 2천 원은 자그마한 방 하나를 임대하기도 어려운 금액이라고 보고서에 기록하였다.

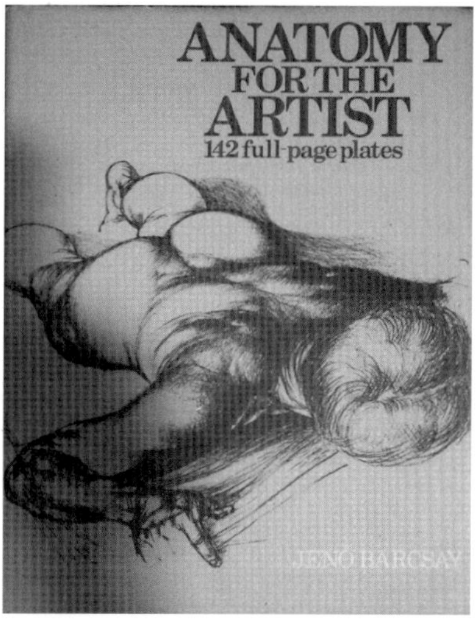

『예술 해부』 표지

예술가들은 개인에게 자신의 작품을 판매할 수 없었다. 미술품을 구매할 말한 능력을 가진 개인도 없었으며 북한 정부 차원에서 가끔 한두 작품을 구매하는 것이 전부였다. 정온녀에 의하면 북한 정부는 작품의 규격에 따라 세 등급으로 가격을 매겨 작품비를 지급하였다.[102] 쇠베니는 정온녀에게 남한에 남아 있는 가족들 소식에 대해 아는 것이 있는지 물어보았는데 3년 전부터 소식이 완전히 끊겼다는 대답을 들었다. 이날 작성된 쇠베니의 보고서에는 가족의 생사를 전혀 모르는 정온녀를 안타까워하는 마음이 묻어 있다.

쇠베니로부터 헝가리 화가 버르처이 예뇌[103]의 『예술 해부』와 씨네

102) 위와 같음.

103) Barcsay Jenő(1900-1988): 헝가리 화가, 그래픽디자이너. 트란실바니아의 귀족 가문에서 출생하였으나 곤궁한 유년시절을 보냈다. 1919년부터 부다페스트의 미술대학에서 수학하였다. 1926년부터는 파리와 이탈리아에서 유학하였

이 메르셰[104]의 작품집 앨범을 선물 받은 정온녀는 헝가리 외교관들이 앞으로도 언제든지 와서 자신의 그림들을 감상하고 감상평을 해 줄 것을 부탁하였다.[105]

그로부터 몇 달이 지난 1955년 4월 20일, 쇠베니는 정온녀의 집을 재방문하여『부다페스트 미술관의 보물들』이라는 앨범을 선물하였다. 정온녀는 지난번 쇠베니로부터 선물로 받은 책 중『예술 해부』를 화가협회장에게 뺏겼다고 실토하였다.『예술 해부』는 북한에서 단 한 권밖에 없는 매우 귀한 책이라는 것이 이유였다. 이 이야기를 들은 쇠베니는 매우 놀라워하였다. 화가협회에서 사용하라고 이미 화가협회장에게도 똑같은 책을 선물했기 때문이었다. 아마도 화가협회장은 두 권 중 한 권을 자기가 차지하려고 했던 것으로 보였다.

정온녀는 여전히「추수」를 작업 중이었다. 극장과 박물관의 작품 의뢰가 있을 수도 있으나 화가협회가 허락하지 않는다고 정온녀는 설명하였다. 화가협회는 화가들이 동시에 다작을 하는 경우 작품의 질이 떨어지는 것을 우려해 한두 작품만 작업하는 것을 원칙으로 하였다. 쇠베니는 북한 화가들이 자유롭게 작품을 의뢰받지 못하면 생활하기가 어렵다고 기록하였다. 결국 정온녀와의 몇 차례 만남은 쇠베니가 사회주의체제에 회의를 품게 되는 계기 중의 하나가 되었다.[106]

고 귀국 후에는 〈센텐드레의 화가들〉 모임의 회원으로 활동하였다. 제 2차 세계 대전 이후부터 부다페스트의 미술대학의 교수로 재직하였다. 해부학적 인체드로우잉을 다룬『예술해부』를 출간해 코슈트 상을 수상하였다.

104) Szinyei Merse Pál(1845-1920): 헝가리 화가. 귀족 가문 출신으로 뮌헨의 미술아카데미에서 예술학 공부를 마쳤다. 1873년에 완성한 가장 대표적인 작품「메이데이(헝가리어로 Majális)」는 현재 헝가리 국립미술관에 전시되어 있다.

105) 위와 같음.

106) 위와 같음.

1955년 8월, 평양에서는 '광복 10주년 기념 전시회'가 열렸다. 이 전시회에서는 북한 주민들을 비롯해 북한 주재 외교관들을 대상으로 북한 화가들의 새로운 작품들을 소개하였다. 한국전쟁, 한국전쟁 당시 중공군의 지원, 전후 복구사업, 농민들의 노동 등이 주요 주제였다. 쇠베니는 특별히 송우담[107]의 작품인 「전선에서 돌아오는 아들」을 높이 평가하는 한편 보고서에서도 상세히 소개하였다.

> 그림에는 전형적인 초가집이 있었고 오래된 나무 울타리가 에워 싸고 있었다. 초가집 앞에는 장독들, 쌀 가마니들과 박으로 만든 바가지들이 있었다. 이웃집 여자가 밝은 얼굴로 초가집 대문을 들어서며 아들이 전선에서 돌아오고 있다는 소식을 전한다. 꽃이 핀 야생배를 배경으로 구불구불한 산길을 걸어 집으로 돌아오는 소년 영웅의 모습이 보인다. 어머니의 얼굴은 이 기쁜 소식을 막 전해 들은 모습으로 이해할 수 없고, 믿기지 않는다는 표정을 지으며 몸은 이미 대문 밖을 향해 있다. 길가에는 이미 소식을 전해주는 사람들이 있었는데 한 아이는 산에서 마을로 뛰어 내려오고 있으며 처녀 두 명은 소곤거리고 있다.[108]

'광복 10주년 기념 전시회'에는 역사를 다룬 작품이 드물었다. 쇠베니에 의하면 그나마 한민족의 영웅인 이순신 장군을 표현한 작품은 훌륭하였다. 풍경화는 전혀 없었으나 1955년 12월에는 풍경화만을 위한 전시회가 별도로 열리기도 하였다. 풍경화 전시회에는 유명 화가들뿐만 아니라 예술전문대학 학생들과 조선 인민군 화가들의 작품을

107) 쇠베니는 보고서에 헝문으로 Szong U Dam으로 표기하였으나 송우담으로 추정되며 성우담일 가능성도 있다.

108) 「1955년 문화 요약본」(원고, 정확한 작성일은 미상이나 본문 내용 상 1956년 초에 작성된 것으로 추정됨.)

비롯해 지방 화가들의 작품까지 고루 전시되었다. 미술 작품 판매를 위해 열린 이 전시회의 팜플렛에는 작품 가격이 기재되어 있지 않았다. 이를 의아해 한 쇠베니는 개인적인 미술 작품 구입은 화가협회를 통해서만 가능하다는 말을 듣게 되었다. 결국 이 전시회에서는 단 한 점만 판매에 성공하였다. 쇠베니는 작품이 4만 원에서 6만 원에 달하는 고가였기 때문에 판매가 어려웠을 것이라고 추측하였다.[109)]

북한의 조형 예술

쇠베니의 보고서에 의하면 한반도의 조형 예술은 유럽의 조형 예술과 큰 차이가 있었다. 과거에는 조각가들이 사찰 장식물 또는 왕이나 양반 묘지에 설치할 조각상들을 만드는 데 큰 역할을 하였다. 따라서 1950년대 중반까지 북한에는 공공장소에 설치된 서양식 인물 조각상이 없었다. 지난 역사 속에서 서양식 조각상들은 도시나 공공건물 장식에 뚜렷한 역할이 없었기 때문이었다. 그러다가 평양에 최초로 나타난 서양식 조각품은 모란봉극장 앞에 설치된 분수대와 조각상들이었다. 그 후 두 번째로 역사박물관 앞에 김일성 동상이 설치되었다.[110)]

1956년 1월 10일 쇠베니는 모란봉 극장 앞에 설치된 분수대와 조각상을 만든 조각가 김인호를 헝가리 대사관에 초대하였다.[111)] 김인호는 젊은 시절 소련과 만주에 거주하다가 1932년 프랑스 파리로 이주하였다. 파리에서 3년 간 서양 조형 예술을 공부하면서 시야를 넓혔다. 김

109) 위와 같음.
110) 위와 같음.
111) 헝가리 공문서 보관소, MNL XIX-J-1-k-1945-1964-Korea-18/e 9. doboz.

평양의 서양식 조각상 앞에 서 있는 쇠베니 얼러다르

인호는 부인을 비롯한 자녀 4명과 단칸방에서 생활하고 있으며 작업실은 따로 없었다. 쇠베니의 보고서에는 김인호에 대한 호감과 당시 그가 처한 어려운 상황을 매우 안타까워하는 마음이 나타나 있다.

김인호는 당시 북한 조형 예술계의 동향을 헝가리 외교관들에게 상세히 설명해 주었다. 예술가들이 개인에게 자신의 작품을 판매할 수 없는 데에는 두 가지 이유가 있었다. 앞서 언급한 바와 같이 고가의 미술품 구매력을 가진 사람이 거의 없으며 또한 연간 극히 적은 양의 미술품이 제작되고 있기 때문이었다. 실제로 북한에는 미술품 제작에 필요한 재료를 구하기가 매우 어려웠는데 청동의 경우 북한에 다량 존재했지만 주조 전문가의 부재는 청동 조각상 제작을 불가능하게 만들었다. 대리석도 동해안 지방에 많이 매장되어 있었으나 운반이 어려워 대리석 조각품을 제작하는 데 어려움이 있었다. 화가들에게 필요한 캔버스와 유화 물감은 사회주의 여러 국가들로부터 지원 받아 사용하였는데 이 역시 예술협회를 통해서만 공급받을 수 있었다.

쇠베니는 화가들의 삶이 전적으로 예술협회에 달려 있다는 것을 알 수 있었다. 한편 예술협회는 어떤 예술가가 어떤 예술품을 제작 중인지 전 예술가에 대한 자료를 실시간으로 보유하고 있었다. 뿐만 아니라 예술협회에서는 예술가들의 작업 진행 상황을 불시에 방문해 감시하였다. 쇠베니에 의하면 예술협회 소속 직원 세 명이 예술가의 집을 방문해 작업 중인 작품을 평가하며 그들의 지시에 따라 수정하거나 다시 처음부터 작업을 하는 경우도 있었다.[112)]

영화 제작

쇠베니는 북한의 영화 제작 상황에 대해서도 보고서에 상세히 기록하였다. 휴전 협정 이후부터 평양에서는 8개의 영화관을 복구하였다. 특히 대동문 영화관은 관람객 1천 명을 수용할 수 있는 제법 큰 규모였다. 당시 북한 영화관에서 상영되는 영화의 80퍼센트는 소련, 중국 및 동유럽 사회주의국가의 영화였다. 북한은 1955년에 소련에서 총 23편의 영화를 수입하였는데 평양뿐만 아니라 지방 도시에서도 동시 상영이 가능하도록 영화 한 편당 10편의 복사본도 함께 수입하였다.

112) 헝가리 공문서 보관소, 위와 같음.

그러나 동유럽 사회주의국가의 영화는 소련 영화보다 훨씬 적은 편수의 영화와 한 편당 3-4편의 복사본을 수입하였다.

북한에서는 전후 복구 사업으로 인하여 극히 소수의 영화가 제작되었다. 국립영화촬영소는 모스크바에서 유학한 감독들과 촬영 기사들을 보유하고 있었다. 이들은 기술적인 어려움에도 불구하고 수준 높은 영화를 제작하였는데 당시 북한의 여건 상 흑백 영화만 제작이 가능하였다.[113] 한편 쇠베니가 1955년 2월에 작성한 보고서에 의하면 국립영화촬영소는 1955년 한 해 동안 새로운 예술 영화 및 기록 영화 6편 제작을 계획하였다. 예술 영화 중「신혼부부」는 전후 복구 사업 과정에서 남성 기술자와 여성 노동자의 사랑을 다룬 내용이다.[114] 실제로 쇠베니는 이 영화를 관람하였는데 영화의 내용이 단편적이며 뻔한 결말에 작위적이기까지 해 그다지 재미가 없었다고 평하였다. 그리고「신혼부부」는 전반적으로 헝가리 영화「키쉬 커털린의 결혼」과 유사하다는 것이 쇠베니의 의견이었다. 또 다른 예술 영화「아름다운 멜로디들」에 대해서는 북한의 빼어난 경관을 음악과 함께 소개하는 영화라고 소개하였다. 한국전쟁 당시 미군이 점령한 어느 북한 마을을 배경으로 제작된「빨치산 처녀」는 북한에서 대단한 인기를 끌었으며 사회주의 리얼리즘 영화인「어부들의 생활」은 새로운 제작 기술을 도입해 대부분이 실내 촬영장이 아닌 야외에서 촬영되었다.[115]

113)「1955년 문화 요약본」, 위와 같음.
114)「북한 문학 관련 소식들」, 1955년 2월 24일, 평양.
115)「1955년 문화 요약본」, 위와 같음.

1950년대 북한의 초중등교육

중고등학교 교사 출신 문화관 쇠베니는 북한의 교육제도에 상당한 관심을 가지고 있었다. 쇠베니의 1954년 12월 보고서에는 북한의 초중등교육제도에 대해 자세히 서술되어 있다.[116] 북한에는 젊은 세대 비율이 높고 한 자녀 가정은 거의 존재하지 않는다. 한 가정당 대개 5-6명, 또는 그 이상의 자녀가 있다.

쇠베니를 비롯한 헝가리 외교관들은 만경대에 위치한 인민반[117]과 평양의 중고등학교 두 곳을 방문하였다. 중고등학교는 초중반[118]과 고중반(高中班)[119]으로 나뉘어져 있었다. 제1 남자중고등학교가 포함된 이들 학교는 명문으로 외국인들에게 자주 소개되고 있었다. 헝가리 외교관들은 학교 현장의 정확한 실상을 파악하기 위해 북한 당국의 선전용 학교뿐만 아니라 평양 제7 여자중고등학교도 방문하였다.[120]

쇠베니는 여러 경험을 종합해 볼때 북한 교육과정은 수도 평양과 지방 간 차이가 크다는 것을 깨달았다. 지방에서는 한국전쟁으로 인해 인민반을 다니지 못한 아동들이 많아서 아동 문맹률이 여전히 높았다. 그러나 이 10-12세 아동들은 전쟁이 끝난 1950년대 중반에 6-7세 반인 인민반을 다니기에는 나이가 많았다. 따라서 이들 대부분은 학교에 다니지 못하고 농촌에서 일하였다. 한편 도시에서는 아동 문맹률이 거의 없었다. 그러나 교실이 많이 부족했던 탓에 2-3년 정도

116) 헝가리 공문서 보관소, 위와 같음.
117) 초등학교에 해당하는 당시 4년제 인민학교.
118) 중학교에 해당하는 당시 3년제 초급중학교.
119) 고등학교에 해당하는 당시 3년제 고급중학교.
120) 헝가리 공문서 보관소, 위와 같음.

인민학교의 입학식날(1950년대 말의 북한 선전용 사진)(출처: Democratic People's Republic of Korea 1948-1958)

인민학교의 수업 모습(1950년대 말의 북한 선전용 사진)(출처: Democratic People's Republic of Korea 1948-1958)

취학 연령을 넘겨 입학하는 경우가 빈번하였다. 늦게 입학하는 경우 인민반을 14-16세에 졸업하게 되었다.[121] 이들 대부분은 인민반 졸업 후 취업 전선에 뛰어들었다. 공장 일자리는 쉽게 얻을 수 있었으며 열차 검표원으로도 일할 수 있었다.

한편 쇠베니는 북한의 교육 과정에 대해서도 상세히 기록하였다. 초중반 1학년에서는 러시아어와 한자교육이 시작된다. 특히 한자교육은 국어교육의 일부로 국어시간에 실시되고 있었다. 학생들은 연간 300-400자의 한자를 배우는데 초중반과 고중반 6년 동안 약 1,800-2,400자의 한자를 배우게 된다. 교사는 현대식 소련교육방법을 잘 알고 있지만 수업 시간은 여전히 권위주의적인 분위기였다. 인민반 교사들 중에는 교육 관련 전공자가 전무하였다. 이에 북한 교육성은 사범대학 두 곳을 설립하기로 결정하였다. 초중반 졸업생을 대상으로 3년 과정의 인민학교 교사를 양성하는 학부를 졸업하면 인민반 교사 자격이 주어졌다. 또한 고중반 졸업생을 대상으로 2년 과정의 중학교에 해당하는 저중반 교원을 양성하는 학교도 설립되었다. 고중반 교사는 대학 졸업자만 가능했으나 실제로 대학 졸업자 출신의 교사는 소수에 불과하였다.

1954년 12월, 쇠베니와 동료 헝가리 외교관들은 다른 중고등학교를 방문해 수업을 참관하였다.[122] 교실에는 58명의 학생들이 공부하고 있었으며 18-19세의 젊은 교사가 한자를 가르치고 있었다. 교장 선생님은 한자를 가르칠 수 있는 교사가 거의 없으며 이 젊은 교사는 전에 중국에서 체류한 적이 있었기 때문에 한자를 안다고 설명해 주었다. 그

121) 당시 4년제 인민학교에서는 10세에 졸업하였으며 13세에 초급중학교를 졸업하였다.

122) 헝가리 공문서 보관소, 위와 같음.

러나 수업 참관 도중 한자를 눈에 띄게 잘못 쓰는 젊은 교사의 실수를 쇠베니가 알아채게 되었다. 이를 눈치챈 교장 선생님은 학생들 앞에서 젊은 교사에게 크게 면박을 주었다.

학교는 최소한의 교육 기자재를 보유하고 있었다. 여러 사회주의국가로부터 지원받은 교육 기자재들은 북한 당국의 허술한 관리로 학교 현장까지 제대로 전달되지 않고 있었으며 학교에 전달되었다 하더라도 제대로 사용할 수 없는 경우가 많았다. 북한의 대표적인 학교로 손꼽히는 제1 남자중고등학교가 처한 상황은 상황은 이러한 사정을 단적으로 보여 주었다. 헝가리에서 지원받은 동식물 분류표에는 각각의 명칭이 헝가리어와 라틴어로 표기되어 있었는데 문제는 알파벳을 읽을 수 있는 교사가 없다는 것이었다. 학교마다 도서관은 전혀 없었으나 도서관 설치를 계획하고 있었다. 쇠베니는 헝가리의 교실에서 목재 칠판을 사용하는 것과 달리 북한에서는 시멘트로 바른 한 쪽 벽에 판서를 하는 모습이 이채로웠다고 기록하였다.

학생들은 한국전쟁 이후의 상태에 비해 양호한 복장이었다. 학생과 학교에 다니지 않는 아이들의 옷차림에는 차이가 있었으며 학생들 대부분은 고무신을 신고 있었다.

쇠베니는 1955년 6월의 보고서에서 초중반과 고중반 기말시험에 대해서도 언급하였다.[123] 어느 중고등학교의 기말시험을 참관한 쇠베니는 교사들과 대화 후 그들이 다른 지식인들에 비해 훨씬 더 열악한 환경에서 생활하고 있다는 것을 알게 되었다. 헝가리 외교관들을 맞이한 교장 선생님은 구멍이 뚫린 낡은 운동화를 신고 있었으며 오히려 시험을 보고 있는 학생들의 옷차림이 훨씬 더 나았다.

123) 헝가리 공문서 보관소, 위와 같음.

북한의 고등교육

쇠베니의 1956년 4월 보고서에 의하면 해방 전에는 한국인들이 고등교육을 받는 것이 매우 어려웠으며 일본 도쿄의 여러 대학에는 주

김일성종합대학 전경(1950년대 말의 북한 선전용 사진)(출처: Democratic People's Republic of Korea 1948-1958)

원산농업대학(1950년대 말의 북한 선전용 사진)(출처: Democratic People's Republic of Korea 1948-1958)

로 친일파 자녀들만 다닐 수 있었다. 일제강점기 시 경성 소재 대학교에서는 졸업장을 돈을 주고 사는 경우도 있었다.

해방 이후 1946년에 김일성종합대학이 평양에 설립되었다. 설립 초기에는 가건물 여러 채를 강의실로 사용하였으나 본관 건물은 1948년 가을에 건축되었다. 첫 졸업생은 1949년에 배출되었다. 그러나 한국전쟁으로 인해 교육이 단절되었다가 1951년에 어느 마을의 여러 건물에서 대학 교육이 재개되었다.

쇠베니의 기록에 의하면 1956년에 김일성종합대학의 학생 수는 약 2천 명이었다. 이들 중 절반은 한국전쟁에 참전한 군인 출신이었다. 쇠베니는 학생들의 출신 성분에 대해서도 자세히 기록하였는데 노동자나 농민, 또는 지식인 부모 자녀가 97퍼센트, 나머지 3퍼센트는 지주나 상인들의 자녀였다. 여학생의 비율은 25퍼센트였다. 1956년 당시 외국인 학생 수는 총 22명이었으며 중국, 소련, 루마니아 학생이었다. 전체 학생들의 80퍼센트는 매달 500원의 장학금을 받았다. 월북한

김책공업종합대학 전경(1950년대 말의 북한 선전용 사진)(출처: Democratic People's Republic of Korea 1948-1958)

학생들과 일본에서 망명한 재일동포 학생들은 장학금으로 매달 1,500원을 받았다. 또한 1회에 한해 정착 지원금으로 2만 원을 지원받았으며 의복과 기숙사도 제공받았다. 김일성종합대학교 학생의 75퍼센트는 기숙사에서 생활하였다. 기숙사비는 월 400원이었다. 기숙사는 자체적으로 텃밭도 가꾸고 있었다. 당시 김일성종합대학에는 물리수학, 생물학, 화학, 지리학, 농업, 법학, 역사학, 조선어학, 외국어대학 등 총 9개의 단과 대학이 설치되어 있었으며 300명의 교수 중에는 북학과학원의 원사도 포함되어 있었다.

쇠베니에 의하면 당시의 대학생과 전문대학생은 총 2만여 명이었으며 김일성종합대학, 김책공업종합대학, 평양건설건재대학, 평양의과대학, 평양음악대학, 평양농업대학, 화학기술대학, 함흥의과대학, 원산농업대학, 사리원교육대학, 개성정치경제대학, 수의대학, 청진사범대학, 신의주교원대학, 사리원제2사범대학, 신의주예술대학 등이 운영되고 있었다.

적합한 대학 교재의 부재는 북한 고등고육의 난제였다. 학생들은 오직 강의 시간의 필기만으로 시험을 준비하였다. 교수들과 교육성 관계자들은 학생들이 러시아어를 더 잘해서 소련에서 출판된 교재를 사용할 수 있기를 기대하고 있었으나 쇠베니는 쉽지 않을 것이라고 판단하였다. 대학 외국어 교육의 결과가 매우 부진했기 때문이었다. 북한에서는 일본어를 이미 잊어버렸고 러시아어 능력은 교육 현장에서 사용할 만한 수준에 미치지 못했다.

1956년 봄, 쇠베니를 비롯한 헝가리 외교관들은 김일성종합대학을 방문하였다.[124] 이들을 영접한 부총장 안함광[125] 국문학 교수는 헝가리의 동아시아 언어학 관련 연구 결과에 관심을 가지고 있었으며 부다페스트 엘떼대학교 인문대학 동아시아학과와 긴밀한 교류를 희망하였다. 헝가리어를 구사하는 교원을 찾게 되면 헝가리어 교육도 시작하겠다는 계획을 밝히는 한편 쇠베니가 준비 중인 웽조사전에 관심을 보이며 사전이 출판되는대로 한 권을 꼭 보내달라고 부탁하였다. 역사학 교수 김정도는 어떤 유럽 언어든 상관 없이 헝가리사 관련 자료를 외교관들에게 부탁하였다.[126]

또다른 보고서에 의하면 쇠베니와 헝가리 외교관들은 헝가리의 9개 전문대학 및 대학에서 지원하는 교육 기자재들을 전달하기 위해 김책공업대학(현 김책공업종합대학)도 방문하였다. 당시 김책공업대

124) 헝가리 공문서 보관소, MNL XIX-J-1-k-1945-1964-Korea-18/g 9. doboz.

125) 安含光(1910-1982): 본명은 안종언(安鐘彦). 평론가. 광복 이후 카프의 중앙상임위원으로 활동하였다. 1946년 월북 후 김일성대학의 문학부 교수를 역임하였다. 황해도 예술연맹위원장과 북조선 문예총재 1서기장을 지냈으나 조기천의 서사시「백두산」을 비판한 것이 문제가 되어 사임하게 되었다. 그 후 리기영과 한설야의 도움으로 문학동맹위원장으로 복귀하였다.

126) 헝가리 공문서 보관소, 위와 같음.

학의 학생 수는 약 2천 5백이었다. 이 대학에는 전기공학부, 기계공학부, 운수공학부, 광산지질학부, 섬유공학부, 금속공학부, 건설공학부 등 총 7개 학부가 설치되어 있었다.

쇠베니는 북한의 대학입시제도에 대해서도 상세히 기록하였다. 대학 입학을 위해서는 대입시험을 치뤄야 하나 중고등학교에서 성적이 우수한 학생은 시험을 치지 않고 입학이 가능하였다. 출신 성분과 한국전쟁 참전 경험은 유리하게 작용하였다. 쇠베니는 김책공업대학 방문 시 학생들의 60퍼센트가 참전 경험이 있었다고 기록하였다. 이 대학의 학생회는 자체 경비대를 갖추고 있었으며 대학 건물마다 경비를 서고 있는 모습이 쇠베니의 눈에는 매우 흥미롭게 비쳐졌다. 한편 교수들과 대화 도중 부교수급 이상의 교수들은 캠퍼스 내에 거주하며 식사도 제공받는다는 사실을 알게 되었다. 정교수의 기본 급여는 8천원으로 장관급 급여와 동일한 액수였다. 부교수는 6,000원, 조교수 이하는 3,500원에서 4,500원 사이의 급여를 받았다. 한편 중고등학교의 저중반과 고중반 교사의 급여는 1,500원에서 2,500원 정도였다.[127)]

127) 헝가리 공문서 보관소, 위와 같음.

제5장

오천 년 역사의 한반도

A Koreai-félsziget ötezer éves történelméről

고고학자 도유호와 역사학자 리청원

문화관 쇠베니는 한반도 역사에도 관심이 많았다. 그의 유품 중에는「오천 년 역사의 한반도」라는 제목의 기고문이 필사본으로 남아 있다. 쇠베니는 북한에서 근무하는 동안 당시 북한 최고의 고고학자였던 도유호[1]를 비롯해 역사학자 리청원과 가깝게 지냈다.[2] 이들은 일제강점기 시 외국에서 유학한 당시의 전형적인 북한 지식인 출신이자 순수한 낙관론자였으며 해방 이후 북쪽에 이상적인 사회가 실현될 것이라고 확신하여 월북한 인물들이다.

1) 都有浩(1905-1982): 함경남도 함흥 출생으로 광복 이후 북한 고고학 발전에 큰 공적을 남긴 학자이다.

2)「오천 년 역사의 한반도」(신문기사 원고, 정확한 작성일은 미상이나 본문 내용상 1956년에 작성된 것으로 추정됨.)

고인돌 앞에 서 있는 쇠베니와 북한 소녀들

도유호는 2차 세계 대전 이전 독일 프랑크푸르트와 오스트리아 비엔나 대학교에서 유학하였다. 1935년에는 독일어권 국가에서 한국인 최초로 박사학위를 취득하였다.[3] 일제강점기 이후 월북하여 김일성종합대학의 교수로 재직하였으며 과학원의 고고학 및 민속학 연구소장을 역임하였다.

쇠베니는 도유호의 권유로 북한의 여러 유적지들을 방문하였다. 평양 시내에서 40킬로미터 떨어진 상원에서 선사시대의 고인돌들을 둘러 본 쇠베니는 길이 형성될 정도로 많은 고인돌이 무리지어 있는 모습에 신선한 충격을 받았다. 그리고 이 곳을 '고인돌 거리'라고 기록하였다.[4] 1958년 가을, 쇠베니가 연구 활동을 위해 북한에 체류했을 때 사용한 수첩에 도유호의 이름과 직책이 기록되어 있는 것으로 미루어 보아 북한에서 도유호와 재회한 것으로 추정된다.

1960년대 초, 도유호는 유적 발굴을 지휘하였으며 1962년 10월에

3) 비엔나 대학교 한국학과 교수 Dr. Andreas Schirmer의 대화 중 일부.
4)「오천 년 역사의 한반도」, 위와 같음.

는 최고인민회의 대의원에 선출되었다. 현재 비엔나 대학의 한국학과 교수진은 도유호의 생애에 대해 폭넓게 연구 중에 있으며 도유호는 1960년대 중반에 숙청된 것으로 추정된다고 밝혔다.

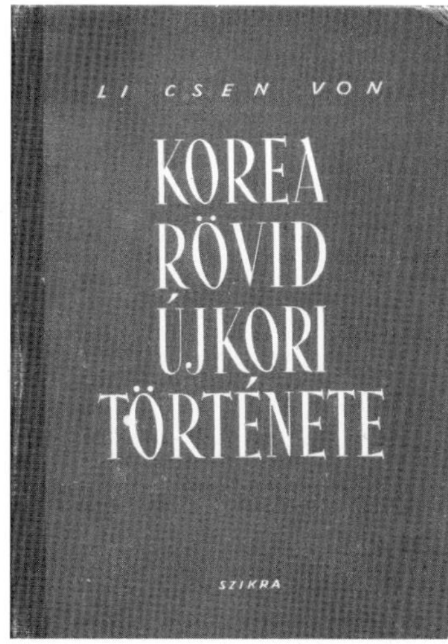

헝가리에서 출간된 리청원의 〈조선근대사〉 (출처: ELTE대학교 동아시아학부 도서관)

한 가지 흥미로운 점은 헝가리 통신사 소속 기자 코치쉬 터마쉬가 1968년에 발간한 『민주조선』에서 도유호에 대해 언급하였다는 점이다. 코치쉬가 북한 안내책자 집필을 위해 1967년에 수개월 간 북한에서 체류하면서 수집한 자료들을 토대로 발간한 『민주조선』에는 도유호가 남한의 고고학자들에게 공동 발굴과 연구를 제안하였으나 남측으로부터 어떠한 회신을 받지 못했다고 기록되어 있다.[5] 도유호는 1960년대 초 고조선의 중심을 랴오허(遼河)라는 당시의 고조선 강역에 대한 공식 입장과 맞서 평양이었다고 주장한 뒤 북한 학계에서 사라졌다. 백두산 부근의 중학교로 쫓겨났다는 설도 있으며 1982년에 사망하였다.

쇠베니는 교수이자 당시 북한 최고의 역사학자 중 한 명이었던 리청원과도 친분이 있었다. 리청원[6]은 일본에서 대학을 다녔으며 일본 공산청년동맹에 가입하였다. 그 후 두 차례에 걸쳐 수감되기도 하였

5) Kocsis Tamás, 『A népi Korea』, Kossuth Kiadó, 1968년, 부다페스트, 115쪽.

6) 李清源(생몰년 미상): 월북하여 북조선임시인민위원회 선전부장을 지냈으며 북한 정권 수립에 참여하였다.

다. 일제강점기 이후에는 남한의 장안파 조선공산당에 가담하였으며 박헌영의 반대 세력에 속해 있었다. 그러다가 1946년에 월북하여 김일성종합대학 역사학 교수로 재직하였다. 1947년에 집필한 『조선근대사』는 러시아어, 중국어, 일본어로 번역되었으며 1953년에는 러시아어 번역본이 헝가리어로 출간되었다.[7] 리청원은 1950년대 초에 헝가리를 방문하였으며 쇠베니가 북한에 체류 시 한국사 연구에 도움을 주었다.[8]

「오천 년 역사의 한반도에서 보낸 2년」

쇠베니는 한국사 서적 출판을 계획할 정도로 진지하게 한국사를 연구하였다. 저자는 쇠베니의 유품을 연구하는 과정에서 「오천 년 역사의 한반도에서 보낸 2년」이라는 제목의 초안 두 장을 발견하였다. 1956년 4월, 평양에서 작성한 이 초안은 1장은 5개의 소주제로 나눈 한국사, 2장은 한반도의 자연 경관, 3장은 전통 문화와 현대 문화에 관한 것이었다. 그밖에 쇠베니가 본격적으로 집필하기 시작한 원고 16장도 유품으로 발견되었다. 이러한 자료들을 종합해 볼 때 당시 쇠베니는 80여 쪽의 단행본 출간을 구상하고 있었다. 그러나 쇠베니의 계획과는 달리 이 책은 출간되지 못했다. 60여 년이 지난 지금 한국사 서적의 출간이 무산된 이유는 정확히 알 수 없으나 간접적인 정보들에 의하면 1956년 헝가리 반소혁명 시 소련에 반대하는 그의 정치적 입장이 크게 작용했던 것으로 추정된다.

---

7) 리청원, 『조선근대사』, Szikra, 1953년, 부다페스트.

8) 「오천 년 역사의 한반도」, 위와 같음.

현재 쇠베니의 유품으로 남아 있는 16쪽의 원고에는 고대부터 현대까지의 한국사가 빽빽히 기록되어 있다. 이는 무엇보다 1950년대 중반 한국사에 대한 북한의 공식 관점을 추측할 수 있는 것으로 역사 기록학 관점에서 매우 중요한 자료이다. 쇠베니는 기원 후부터의 한국사를 소개하고 있으며 기원 전 역사는 신화로 평가하였다. 단군 왕검에 대한 언급은 전혀 없으나 기원 전 1121년에 중국에서 온 기자에 대해 언급하면서 이 역시 신화라고 기록하였다. 그러나 이는 앞서 언급한 「오천 년 역사의 한반도」라는 기고문에서 쇠베니가 평양에 위치한 기자의 묘를 평양의 가장 오래된 유적지로 소개한 것과[9] 상충되는 부분이다.

기자는 신화적 인물이 아닌 역사적 실존 인물이라는 것이 현재 해외 사학계의 일반적인 관점이다. 고대 중국 역사의 아버지로 불리는 사마천은 『사기』에서 기자에 대해 언급하였으며[10] 그 후 한반도 역사에서도 기자가 언급된다. 일례로 유성용의 『징비록』에는 임진왜란 시 평양을 지키는 대신들이 비가 많이 내려 대동강 수위가 높아져서 평양의 조선인들을 왜군으로부터 보호해 달라고 단군, 고구려의 동명왕을 비롯해 기자에게도 기도를 했다는 기록이 남아 있다.[11] 20세기 초 한반도를 방문한 헝가리 추기경 버이 페테르도 그의 여행기에서 기자에 대해 언급하였는데 기자는 한반도 최초의 국가를 건국한 중국의 귀족이라고 기록하였다.[12]

---

9) 「오천 년 역사의 한반도」, 위와 같음.

10) Nahm C. Andrew, 『Korea – Tradition and Transformation. A History of the Korean People.』, Hollym, 1988년, New Yersey and Seoul, 26쪽.

11) Yu Songnyong, 『The Book of Corrections. Institute of East Asian Studies.』, 2002년, University of California. Berkeley, 102쪽.

12) Gróf Vay Péter, 『Kelet császárai és császárságai.』, Franklin-Társulat, 1906, 부

저자가 수집한 일제강점기에 제작된 '기자의 묘' 엽서는 우리에게 매우 흥미로운 사실들을 말해준다. 평양 소재 기자의 묘는 엽서로 제작될 정도로 당시 인기 있는 관광지였음을 알 수 있으며 사진 하단에는 다음과 같은 문구가 기재되어 있다.

> 을밀대(乙密台) 뒷 편 오래된 소나무 숲에 그의 묘소가 있다. 점잖은 그는 세계에서 가장 난폭한 폭군인 은나라 왕의 명인이었다. 기자는 왕에게 항변하였으나 왕이 이를 받아들이지 않자 조선으로 도망을 쳤으며 평양을 수도로 삼아 통치하였다.[13)]

1950년대 중반, 쇠베니가 북한에서 외교관으로 근무할 당시에도 기자의 묘가 남아 있었다. 그의 기록에 의하면 북한 젊은이들과 외국인들은 모란봉 아래에 위치한 기자의 묘를 즐겨 찾았다.[14)] 일제강점기에 제작된 엽서 속의 사진과 쇠베니가 유품으로 남긴 사진을 비교해 볼 때 기자의 묘는 한국전쟁을 겪으며 상당히 훼손된 것으로 보인다. 특히 돌담을 모습을 비교해 보면 잘 알 수 있다.

기자의 묘는 오래지 않아 주체사상의 영향을 받은 북한의 공식 역사 관점의 희생양이 되었다. 1960년대 북한은 기자와 관련된 역사는 중국 한나라 시대에서 만든 날조된 것이며 이를 구실로 한반도를 침략하려는 것이라고 주장하였다. 결국 북한 고고학자들은 기자의 묘를 발굴하였고 사기 조각들만 발견된 이 묘를 해체하였다. 그리고 기자라는 이름은 북한 역사 교과서와 백과사전에서 완전히 자취를 감췄

다페스트.

13) 초머 모세 수집품.

14) 「오천 년 역사의 한반도」, 위와 같음.

일제강점기에 제작된 '기자의 묘' 엽서(출처: 초머 모세)

기자의 묘 석상을 배경으로 서 있는 쇠베니(위 엽서 속의 상석(床石) 우측에 있는 양석(羊石)과 아래 사진의 맨 아래쪽 양석(羊石)은 동일한 것이다. 석상들 뒤로 일제강점기에는 건재하다가 허물어진 담벼락의 일부가 보인다)

다. 그 후 북한은 단군왕검이 실존 인물이라는 것을 부각시키며 이를 북한의 공식 입장으로 삼았다. 1993년 단군왕검의 유골을 발견했다는 발표는 절정에 달했고 급기야 1994년에 단군릉을 개건하였다.

「오천 년 역사의 한반도에서 보낸 2년」의 역사 부분 원고 내용은 주체사상의 영향을 받은 북한의 현재 역사적 공식 관점보다 다각적 측면에서 상당히 정확하다. 쇠베니는 고대사 부분에서 고구려의 기원을 기원전 37년으로 기술하였다. 이는 매우 흥미로운 부분으로 훗날 북한의 공식 입장은 고구려의 건국 연도가 기원전 277년으로 바뀌게 된다. 이는 고구려의 역사가 신라보다 훨씬 앞선다는 것을 강조하기 위한 것이었다. 뿐만 아니라 그 동안 신라에 대해 객관적인 관점을 유지해 왔던 것과는 달리 현재 신라에 대한 북한의 공식 관점은 매우 부정적이다.

다음은 북한에서 출간된 『조선력사상식』에서 신라에 관한 내용의 일부를 발췌한 것이다.

> 당나라 세력을 끌어들인 끌어들인 신라 통치배들의 매국배족적 행위는 우리나라의 력사 발전에 막대한 부정적 후과를 미치였다. 이미 다 숙성된 고구려에 의한 세 나라의 통일과정을 파탄시키고 광대한 령토를 잃게 하였으며 세 나라 령토가 외세의 군마에 짓밟히게 함으로써 나라의 힘을 크게 약화시켰다. (중략)[15]

앞서 언급한 바와 같이 쇠베니가 북한에서 한국사를 연구하던 1950년대만 해도 신라에 대한 북한의 공식 관점은 부정적이지 않았다. 쇠베니가 당시 북한에서 수집한 한국사 자료를 토대로 집필한「오천 년

15) 『조선력사상식』, 과학백과사전출판사, 2008년, 평양, 101쪽.

역사의 한반도에서 보낸 2년」의 원고에서도 고대 3국을 소개하면서 신라를 비중 있게 다루며 가장 상세히 기술하였고 고구려, 백제, 신라 중 신라가 가장 문화가 발달한 나라로 기술된 것을 보아도 잘 알 수 있다. 특히 이 원고에는 역사기록학 관점에서 흥미로운 내용들이 포함되어 있다. 일례로 고려를 멸망시키고 조선을 건국한 이성계는 긍정적인 인물로 소개되어 있다.

그러나 현재 북한의 공식 입장은 역사상 가장 혐오하는 인물 중의 한 명으로 이성계가 꼽히고 있다. 이는 북한의 역사백과사전인『조선력사상식』에도 잘 나타나 있다.

> 무력으로 고려왕조를 뒤집어엎고 정권을 탈취한 리조 제1대 왕. (중략) 이렇듯 리성계는 고려를 배반하고 원나라로 투항해 간 반역자의 집안에서 출생하였다.(중략) 모든 력사적 사실은 리성계가 리조 500여년 간 국가 통치에서 사대주의를 적극 조장시킨 극단한 사대주의자이며 왕권 탈취를 위하여 우리 인민들이 갈망하던 고구려, 발해의 옛 땅을 되찾기 위한 료동원정을 말아먹은 장본인이며 왕권 탈취에 장애로 된 고려의 봉건 관료들을 류혈적 방법으로 악착하게 탄압한 폭군이라는 것을 뚜렷이 보여주고 있다. 하기에 당시 개성 지방 인민들은 리성계를 증오하여 뒤보는 뒷간을 '서각'(서각은 리성계가 고려의 왕자리를 빼앗고 자리잡고 있던 수창궁의 서쪽 채이다)이라고 불러 저주하였으며 근래까지도 개성 사람들은 설명절 음식을 만들 때 흰쌀떡 가락을 나무칼로 잘라서 ∞형으로 만들었는데 그것은 '리성계의 목을 자르는 것'이라고 전해지고 있다.[16)]

「오천 년 역사의 한반도에서 보낸 2년」 원고에 의하면 조선 건국 과

16) 위의 책, 265-266쪽.

정에서 당시 고려 사람들은 이성계를 지지하였으며 군사들도 이성계의 위화도회군을 반겼다. 고려 농민들은 이성계 군대에 자발적으로 지원하였고 군사들은 이성계의 개경을 점령을 기뻐하였다.

이러한 사실들을 종합해 볼 때 1950년대 중반에는 남북한의 역사적 공식 관점이 현재와 별반 차이가 없었다는 사실을 알 수 있다. 쇠베니는 이 원고에서 임진왜란에 대해서도 상세히 기록하였다. 이순신 장군과 거북선을 소개하는 한편 1597년에 내부적 정치 갈등으로 이순신이 투옥되자 임금이 실력 없는 인물에게 지휘를 맡겼다고 기술하였다. 이는 원균을 지칭하는 것으로 쇠베니는 원균을 칠천량 대첩에서 대패한 실력 없는 매우 부정적인 인물로 묘사하였다.

메러이 티보르의 『거북선들』

1956년 말에는 임진왜란과 이순신 장군을 다룬 만화책 『거북선들』이 헝가리에서 출판되었다. 한국전쟁 당시 북한에서 헝가리 종군 특파원으로 활동한 메러이 티보르가 집필한 이 책에서도 이순신 장군과 거북선이 소개되었으며 원균은 야욕이 많은 인물로 묘사되었다.

지난 2012년 12월, 저자가 현재 아흔을 넘긴 메러이 옹과 파리의 본가에서 만나 인터뷰를 하면서 『거북선들』을 집필하는 데 참고한 자료나 임진왜란 관련 정보들의 출처에 대해 물어보았으나 이 만화책이 출판된 지 50여 년이 지나 잘 기억이 나지 않는다는 답변을 들었다. 한편 메러이 옹은 헝가리에서 파리로 가지고 간 한국 관련 고서들을 저자에게 보여 주었는데 그 중에는 런던대학교 정인섭 교수가 1952년에 발간한 『우리 고담』도 포함되어 있었다. 단군신화를 비롯한 한국의 다

메러이 티보르의 『거북선들』 표지와 명량대첩 부분(출처: 초머 모세)

양한 전래동화가 수록된 이 책에는 이순신 장군에 관한 내용도 포함되어 있다. 따라서 메러이 옹이 『거북선들』을 집필하는 과정에서 이 책을 주로 참고하였을 것이라고 추정된다.[17]

『거북선들』은 1956년 10월 헝가리의 반소 혁명 실패 후 11월에 메러이 옹이 함께 파리로 망명한 이후 앞서 언급한 바와 같이 1956년 말에 헝가리에서 출간되었다. 메러이 옹은 2012년 12월에 저자와 인터뷰하기 전까지 『거북선들』이 출간된 사실을 전혀 모르고 지내다 저자를 통해 알게 되었다고 밝혔다. 그로부터 얼마 지나지 않아 어렵게 구한 『거북선들』을 저자로부터 선물 받은 메러이 옹은 출간된 지 60여 년이 다 되어 고서가 된 자신의 책과 처음 만날 수 있었다.

17) 정인섭, 『Folk Tales in Korea』, Routledge & Kegan Paul Ltd., 1952년, 런던.

제6장

최초의 헝한사전 『웽조사전』

Az első Magyar-Koreai Szótár létrejötte

『웽조사전』 초판

쇠베니 얼러다르의 일생에 있어 최대의 업적은 최초의 헝한사전인 웽조사전[1]을 편찬한 것이다. 한국전쟁 당시 북한 고아들의 헝가리 초청과 헝가리 의료진의 북한 파견 등 양국 간 폭넓은 교류에 따른 헝한사전의 필요성이 대두되어 1952년에 헝가리 교육부의 제안으로 사전 편찬 사업이 시작되었다. 쇠베니가 북한 학생들과 준비한 웽조사전은 1953년 3월에 초판이 완성되었다. 헝가리어 표제어들은 타자기로, 한글 단어들은 손글씨로 제작되었다. 이 초판을 토대로 정식 헝한사전

1) 웽조사전(Magyar-Koreai Szótár). 헝가리 학술원에서 발행된 최초의 헝가리어-조선어 사전. 러시아어로 헝가리를 뜻하는 웽그리아(Vengrija)의 '웽'과 조선의 '조'를 조합해 '웽조사전'이라는 이름을 붙였다. 1957년 총 1천 부가 출판된 웽조사전에는 약 2만 3천 단어가 수록되어 있다.

의 완성본 발행은 헝가리 학술원의 과제가 되었다.

이때까지만 해도 헝가리에서는 동양어 사전 출판 경험이 전무했다. 따라서 동양어 사전 출간 시 한글과 한자 인쇄의 난관에 봉착하였다. 당초 계획은 2만 3천 개의 어휘를 포함하는 한글 부분을 필사본으로 제작한 뒤 사전 부수에 맞게 복사해 한글 부분 옆에 해당 헝가리어 표제어들을 기계로 찍어내는 것이었다. 이때 헝가리학술원 출판사의 프로페르 라슬로는 북한과학원이 언어학부와 협력할 것을 제안하였다. 당시 북한에서 문화관으로 근무하고 있던 쇠베니는 1954년 10월에 부인에게 쓴 편지에서 웽조사전 원고가 북한과학원에서 '휴식 중'이라며 빠르면 11월에 감수가 끝나는 대로 부다페스트로 송부될 것이라고 기록하였다.[2)]

1954년 12월 20일, 북한과학원은 감수를 마친 웽조사전 필사본을 쇠베니에게 전달하면서 훌륭한 사전임을 인정하였다.

> 오늘은 과학원으로부터 사전 필사본을 돌려 받았소. 감수를 마친 그들은 매우 만족해 하였소. 헝가리에서는 어떤 계획을 가지고 있는지 잘 모르겠소. 여기서 한글 부분을 인쇄할 것인지 아니면 헝가리에서 손글씨로 제작해 복사할 것인지 모르겠소.[3)]

이렇듯 헝가리 측에서는 사전 인쇄 방법에 대한 분명한 결정을 내리지 못한 상태였기 때문에 헝한사전 편찬 과정이 순조롭지는 않았다. 사전 인쇄 과정을 감독하기 위해 평양에서 문화관으로 근무중인 쇠베니가 헝가리를 방문하는 방안도 논의되었다.

---

2) 1954년 10월, "B", 평양.

3) 1954년 12월 20일, 평양.

헝가리학술원이 나를 헝가리로 초청한다면- 물론 학술원 경비로- 좋겠소. 북한에서 비행기표를 사면 왕복 2,500포린트요. 하지만 헝가리에서 사면 10배나 되오. 학술원이 나를 초청하면 좋을 것이오. 왜냐하면 사전이 더 빨리 완성될 것이기 때문이오. 그리고 내가 검사를 해야 하오. 그렇지 않으면 나는 (사전에 대해) 책임을 지지 않을 것이오.[4]

결국 북한과학원 언어학부장 김병제는 평양 국립인쇄소에서 한글 부분을 인쇄하도록 조치하였다. 그러나 헝가리학술원은 한글 인쇄본에 헝가리 어휘들을 정확히 첨가할 수 없다며 불평하였다. 그러자 쇠베니는 1955년 5월 4일 헝가리학술원 출판사의 프로페르에게 평양 국립인쇄소장과의 협상 진행 상황을 보고하는 서한을 통해 당초 계획은 한글 필사본에 해당 헝가리어 표제어를 추후 첨가해 사전을 인쇄하는 것이었음을 알렸다. 그리고 한글 손글씨 부분과 한글 인쇄본의 내용은 동일한데 평양에서 인쇄한 한글 인쇄본에 헝가리어 부분을 추후에 첨가하는 것은 왜 불가능하냐며 항의하였다.

헝가리학술원은 헝가리어와 한글 어휘 전체를 평양에서 인쇄하는 것도 제안했던 것으로 보인다. 그러나 쇠베니는 평양에서는 그 동안 영문자만 인쇄해 왔으며 헝가리 문자들을 보유하고 있지 않을 뿐만 아니라 헝가리어를 구사하는 인쇄인도 없다고 설명하였다. 또한 예상 인쇄 비용에 대해서도 상세히 언급하였는데 한글 부분은 5부 인쇄 시 장당 5포린트이며 813면인 경우 총 4,065포린트로 예상, 인쇄용지 비용은 400포린트였다.[5]

결국 한글 부분은 평양국립인쇄소에서 인쇄되었다. 헝가리어 부분

---

4) 1954년 12월, "A", 평양.

5)「프로페르 라슬로에게 보낸 편지」, 1955년 5월 4일, 평양.

의 조판 작업은 헝가리학술원의 인쇄소가 담당하였고 사전 인쇄와 제본은 1957년 하반기에 떼르브인쇄소에서 마쳤다. 이렇게 『웽조사전』은 총 1,000부가 인쇄되었다. 이때는 북한과 헝가리의 관계가 약화되는 시기였다. 1956년 10월에 발생한 헝가리의 반소 혁명의 파급을 우려한 북한 지도부는 헝가리에서 유학하고 있는 거의 모든 북한 유학생들을 강제 귀국 조치하였다. 또한 북한 당국이 사리원시 병원에서 근무하고 있던 헝가리 의료진의 체류 연장을 요청하지 않자 이들은 1957년에 헝가리로 전원 귀국하였다.

북한 지도부는 소련과 사회주의 국가들 간 진행중인 탈 스탈린주의 영향을 우려해 사회주의 국가들과 거리를 두며 점진적으로 외부 세계로부터의 고립을 시작하였다. 이러한 정치적 상황은 웽조사전이 폭넓게 사용되는 데 걸림돌이 되었다.

『웽조사전』 속표지(출처: 엘떼대학교 동아시아학부 도서관)

1970년대 중반, 양국 간 문화교류가 재개되어 북한 학생들이 헝가리로 다시 유학을 오기 시작하였다. 헝가리 한국학 학자 오슈바트 가보르 교수는 당시 북한 대학생들 교육을 위해 웽조사전을 찾던 중 스무 권씩 종이로 포장된 수십 권의 웽조사전이 지난 20여 년 동안 헝가리 학술원 출판사 창고에 보관되어 있는 것을 발견했다고 회상하였다.[6)]

사전 편찬 관련 오해

헝가리 공문서 자료에 의하면 1950년대 말에 쇠베니를 시기하는 사람들이 존재했던 것으로 추정된다. 1958년 봄, 평양 주재 헝가리 대사 프라트 까로이의 보고서에 따르면 헝가리 독립혁명기념일을 맞이해 3월 15일에 대사관에서 연회가 개최되었다.[7)] 이 연회에는 한때 헝가리에서 유학했던 북한 외무성의 헝가리 담당관 김인용이 참석하였다. 웽조사전에 대해 대화가 오고 갈 무렵 김인용은 웽조사전 준비 과정에서 일조를 했는데 겨우 정장 한 벌 정도의 사례밖에 받지 못했다고 불평하기 시작하였다. 그 후 프라트 대사는 공문을 통해 쇠베니가 사전을 편찬하는 과정에서 헝가리 담당관 김인용에게 지키지 않은 약속이 있는지 알아봐 달라고 헝가리 외무부에 요청하였다. 또한 헝가리 대사관은 쇠베니가 웽조사전 편찬을 위해 고액의 사례금을 받았다는 소문과 헝가리학술원 출판사가 웽조사전 해외 판매를 구상하고 있다는 소문도 들었다고 기록하였다.

---

6) Osváth Gábor와의 대화 내용 중 일부.

7) 헝가리 공문서 보관소, MNL XIX-J-i-j-1945-1964-Korea 4. doboz.

그러나 1958년 7월 4일 헝가리 외무부 국장 페테르의 회신에 의하면 헝가리학술원 출판사는 사전 편찬 작업에 도움을 준 북한 학생들에게 사례를 하려고 하였다. 그러나 당시 주 헝가리 북한 대사관은 이를 봉사활동으로 인정해 학생들이 사례금을 받는 것을 불허하였다. 그러자 출판사측은 사례금 대신 각종 선물로 북한 학생들의 노고를 치하하였다. 외무부 국장 페테르는 서독에서의 웽조사전 판매 가능성에 대해서도 언급하면서 구체적인 진행 사항은 아직 없다고 전했다.[8] 이때 헝한사전 해외 판매 구상은 단순한 웽조사전 판매라기보다는 웽조사전 출간 저작권 판매를 계획했던 것으로 추정된다.

한편 1958년 가을, 쇠베니가 연구 활동을 위해 북한을 방문한 당시 북한과학원과 북한문화교류원은 웽조사전에 이어 조선어-헝가리어사전 출간을 계획하고 있었다. 북한은 1959년의 연간 문화 교류 계획에 조선어-헝가리어 사전인 조웽사전 준비를 포함시켰으며 사전 편집자로 쇠베니를 추대해 북한에 초청하기로 약속하였다.[9] 그러나 이 계획은 실현되지 못했다. 이러한 배경에는 양국 간 관계가 점차 소원해졌으며 쇠베니에 대한 헝가리 외무부의 강한 반감이 크게 작용하였다.

8) 헝가리 공문서 보관소, 위와 같음.

9) 「북한 연구활동에 대한 보고서」, 1959년 2월 27일, 부다페스트.

제7장

북한에서의 연구 활동(1958년)

Tanulmányúton Észak-Koreában (1958)

다시 북한으로

앞서 언급한 바와 같이 1958년 가을, 쇠베니는 당시 양국의 연간 문화 교류 계획에 따라 두 달 반 가량 북한에서 연구 활동을 하였다. 부다페스트 1구역 당위원회와 근무지였던 페퇴피 샨도르 중고등학교장의 추천을 받아 헝가리 문화부에 지원했으며 엘떼 인문대학 중앙아시아 학과장이자 동아시아 학과장으로 재직 중인 리게티 러이요쉬 교수도 학문적, 전문적 입장에서 쇠베니를 적극 추천하였다.[1)]

쇠베니의 북한 현지 연구 행적은 유산으로 남아 있는 보고서와 부인 보브에게 보낸 편지 등 두 가지 출처에 의해 밝혀졌다. 특히 부인에게 보낸 편지에는 편지를 쓴 정확한 날짜가 누락되어 있으나 편지 내

1) 헝가리 공문서 보관소, MNL XIX-J-1-j-1945-1964-Korea-29/c 13. doboz.

용을 토대로 몇 월에 쓴 편지인지 미루어 짐작이 가능하다. 따라서 월별로 비슷한 시기에 쓰여진 편지들은 각각 분류해 A, B, C, D, E로 표기하였음을 밝힌다.

1958년 10월 1일, 쇠베니는 부다페스트를 떠나 모스크바와 시베리아의 치타를 경유해 10월 3일에 북한에 도착하였다. 평양 국제공항에서는 주 북한 헝가리대사관의 문화관을 비롯해 북한 교육성 국장, 북한과학원의 담당자가 쇠베니를 환영해 주었다. 북한과학원이 공식 초청 기관이었으나 체제비는 교육성이 담당하였다.[2)]

쇠베니가 북한에 도착하자마자 부인 요브에게 보낸 편지의 내용은 다음과 같다.

> 국제호텔 방 하나를 받았는데 위치가 좋소. 6인승 미국산 차도 한 대 받았소. (중략) 호텔에서 식사를 했는데 음식이 맛있었소. 한 가지 아쉬운 것이 있다면 매일 두 차례씩 연회에 참석해야 해서 연구활동에 어려움이 있소. 어제는 새벽 2시에 논문을 쓰기 시작해 아침 6시까지 작업을 했소. 아침 8시에는 나를 전시회에 데려가기 위해 호텔에서 사람들이 대기하고 있소.[3)]

쇠베니는 북한에서 귀빈 대접을 받았다. 북한과학원장 백남운은 사회주의 국가들 중 소련을 제외하고 최초로 출간된 외국어-조선어 사전이라며 『웽조사전』 편찬의 노고에 대해 심심한 사의를 표하였다.[4)] 쇠베니는 북한과학원 회의에 수차례 초대받았다. 1958년 11월 5일에

---

2) 「북한 연구활동에 대한 보고서」, 1959년 2월 27일, 부다페스트.

3) 1958년 10월, "A", 평양.

4) 「북한 문학 관련 소식들」, 1953년 8월 15일, 평양.

개최된 큰 행사에서는 북한과학원 임원진 옆에 쇠베니의 자리가 배치되었다.[5)]

북한 당국뿐만 아니라 북한 주재 헝가리 대사관에서도 쇠베니는 환대를 받았다.

> 대사관 방문은 기대 이상이었소. 프라트(프라트 까로이 대사-저자 주)는 매우 호의적으로 나를 환영하였소. 다른 사람들과 차별화된 특별한 의전으로 헝가리 포도주와 커피를 대접받았소. 내가 헝가리로 귀국하기 전에 대사가 나를 위해 송별회를 준비해 준다고 약속하였고 내 지인들을 초대해도 된다고 하였소. 프라트는 자주 대사관을 방문해 달라고 하였소.[6)]

북한과학원의 임원진과 헝가리 대사 프라트의 매우 호의적인 태도와는 대조적으로 헝가리 외무부는 쇠베니의 연구 활동을 중단시키고 즉시 귀국시키기 위해 노력하였다. 이러한 외무부의 태도를 뒷받침하는 헝가리 외무부 차관 세베쉬 이슈트반이 헝가리 사회노동자당의 외무국에 보낸 1958년 10월 18일자 극비 문서에는 흥미로운 일화가 기록되어 있다.

헝가리 외무부의 북한 담당국은 쇠베니가 제출한 여권 신청서를 접수하는 과정에서 그의 북한 여행 계획을 알게 되었다. 외무부는 반소혁명 시 쇠베니의 태도를 이유로 그의 북한 여행을 반대하며 쇠베니의 여행 계획을 불허할 것을 문화부에 권유하였다. 그러나 외무부와 문화부 간에 공문이 오가는 사이 쇠베니는 이미 북한으로 출국하고

5)「북한 연구활동에 대한 보고서」, 1959년 2월 27일, 부다페스트.
6) 1958년 10월, "B", 평양.

헝가리에 없었다.[7] 여러 가지 이유를 들며 쇠베니의 출국을 막기 위한 외무부의 노력은 결국 허사로 돌아갔다.

이와는 달리 당중앙은 쇠베니를 지지하였다. 특히 간부 버르러 서보는 쇠베니가 헝가리 혁명 시 위법한 행동을 했다면 분명 당국이 조치를 취했을 것이라며 쇠베니를 두둔하였다. 그러자 외무부 차관 셰베쉬는 외무부와 상반된 입장을 취한 간부 버르러에 대해서도 조사가 필요하다며 북한 당국도 쇠베니와 정치적 성향에 대해 잘 알고 있기 때문에 쇠베니를 즉시 귀국 조치시켜야 한다고 주장하였다.[8]

그러나 외무부가 원하는 대로 이루어지지 않았다. 쇠베니는 시간이 지남에 따라 2년 전의 외교관 활동 당시에 비해 헝가리와 북한 관계가 매우 변화했다는 것을 느끼게 되었다. 1956년 헝가리 반소 혁명의 결과로 양국 관계는 소원해져서 앞서 언급한 바와 같이 북한 지도부가 헝가리에서 유학하고 있던 북한 학생들을 강제 귀국시키는 한편 사리원 시의 헝가리 병원에서 근무하던 헝가리 의료진도 귀국하게 되었던 것이다.

당시 양국 간 관계 변화에 대한 분위기는 쇠베니의 편지에 잘 드러나 있다.

> 2년 전에는 상황이 좀 달랐소. 물론 북한 사람들은 어디서나 호의적이지만 어떻게 행동해야 할 지 무엇을 해야 할 지 몰라 하오. 대신 나를 여기저기 여행을 보내려고만 하오. 물론 나는 거절했소.[9]

7) 헝가리 공문서 보관소, MNL XIX-J-1-j-1945-1964-Korea-29/c 13. doboz.
8) 헝가리 공문서 보관소, 위와 같음.
9) 1958년 10월 9일자, 평양.

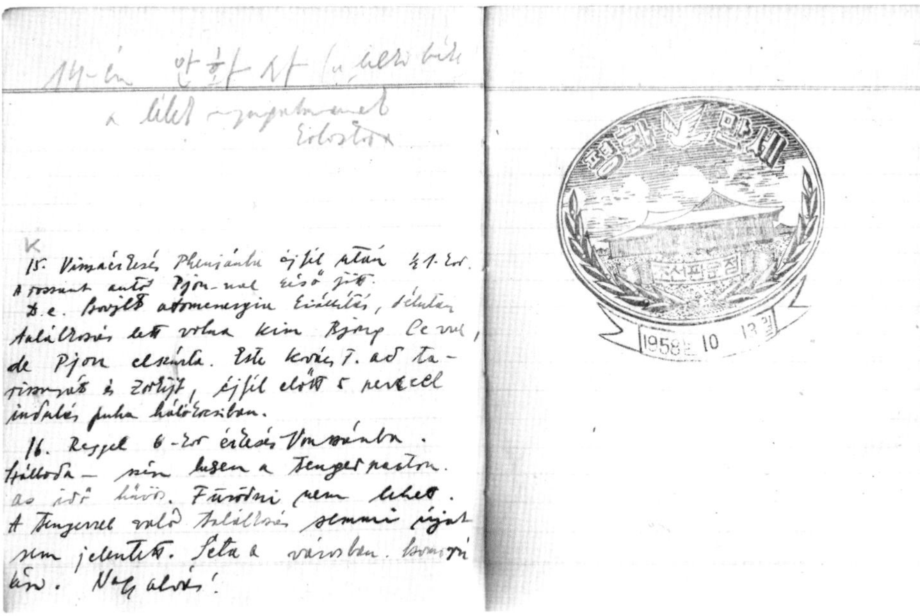

쇠베니 얼러다르의 여행수첩 일부

결국 쇠베니는 자신의 의사와는 무관하게 여러 장소로 여행을 가게 되었다. 이때 개성과 금강산 일대를 여행하면서 보고 들은 것들을 부인에게 편지를 통해 상세히 전했다. 이 책에 부록으로 첨부된 에필로그에는 당시 여행에 대한 쇠베니의 편지 인용문들과 사진들이 수록되어 있다.

쇠베니는 북한에 체류하는 동안 옛 제자들과도 만날 수 있었다. 부인 요브에게 보낸 편지에는 일전에 헝가리에서 가르쳤던 쇠베니의 북한 제자들이 그를 만나기 위해 찾아왔다고 기록되어 있다.

> 옛 제자들이 나를 찾아왔었소. 여기에서 대학을 다니는 제자들도 있고 이미 결혼을 했거나 직장에 다니는 제자들도 있소. 나와 처음 사전 편찬 작업을 시작한 장래의 산업미술가 김창주가 지금 내 방에 있소. 어느 날

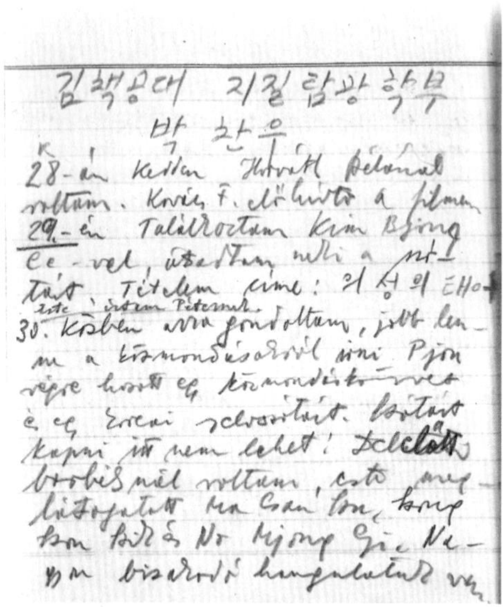

김책공대 지질탐광학부
박찬우

쇠베니 얼러다르의 여행 수첩(빨치산 활동을 했던 북한 유학생 출신 제자 박찬우에 대한 내용이 기록되어 있다.)

밤 대동강 강변에서 김창주와 산책을 하며 손북경에 대해 이야기하던 찰나 손북경이 내 앞으로 걸어오고 있었소. 세상은 참 좁소. (중략)[10)]

쇠베니 얼러다르의 연구 활동

쇠베니는 평양에 도착한 지 한 달이 지나서야 본격적인 연구 활동을 시작할 수 있었다. 주요 연구 분야는 한국어사와 한국어 어족 부문이었다. 당시 북한에서는 핀란드 언어학자 구스타프 람스테트[11)]의 모

10) 1958년 10월 9일자, 평양.

11) Gustaf John Ramstedt(1873-1950): 핀란드 언어학자. 헬싱키 대학의 알타이학을 수학하였으며 몽골에서 연구활동을 하였다. 1920년부터 1929년까지 핀란드 최초의 주 일본 전권특명대사로 재직하는 동안 도쿄 대학에서 자주 강연을 하였다.

든 견해를 아무런 비판 없이 전부 수용하고 있었다. 그러나 쇠베니는 한국어가 알타이어에 속한다는 람스테트의 견해는 그가 알타이어에 속하는 단어들 중 거란과 중국의 차용어들도 근거로 내세웠기 때문에 유럽 여러 국가에서는 그의 주장을 의문시하고 있다고 기록하였다. 북한 언어학계에서 차용어도 고대의 한국 어휘의 일부라고 생각했기 때문에 북한이 람스테트의 견해들을 전부 수용하는 이유라는 것이 쇠베니의 견해였다. 한편 북한에서는 비교언어학에 대해 거의 무지한 상황이었으며 최고 대학에서조차 비교언어학을 가르치지 않았다.

쇠베니가 한국사와 한국어 어족 연구를 위해 가장 먼저 한 일은 그가 수집한 여러 사전에 순 한국어가 얼마나 수록되어 있는지 밝히는 것이었다. 1891년에 홍콩에서 출판된 라틴어-한국어 사전의 순 한국어 단어는 총 45퍼센트였다. 1931년 서울에서 출판된 한영사전에는 21퍼센트, 1951년 모스크바에서 출판된 로조사전에는 22퍼센트, 반면 1957년에 출판된 웽조사전에는 63퍼센트가 순 한국어 단어였다. 쇠베니는 웽조사전 편집 시 순 한국어 단어를 가능한 한 많이 수록하기 위해 노력했다고 보고서에 기록하였다. 이러한 쇠베니의 노력은 당시의 북한이 추구하던 목표와도 부합한 것이었다. 해방 후 북한에서는 차용어를 순 한국어로 바꾸는 언어 순화 운동이 시작되었다.

수백 년 동안 중국의 영향을 받아 순 한국어가 점차 잊혀졌다고 생각한 쇠베니는 고대 및 중세에 남아 있는 자료들을 조사하기 시작하였다. 2년 전 외교관으로 북한에서 근무할 당시에는 관련 자료를 구

1920년대 일본에서 연구활동을 한 헝가리 민속학자 버라토시 벌로그 베네데크(Baráthosi Balogh Benedek)는 저서『코리아, 조용한 아침의 나라』에서 람스테트와의 만남에 대해 언급하였다.
참고:『코리아, 조용한 아침의 나라』, 2005년, 집문당, 110쪽.

하기가 어려웠는데 그때와는 상황이 확연히 달라져 있었다. 통일신라 시대의 자료를 연구한 결과 당시의 순 한국어 단어는 65퍼센트를 차지하고 있었으며 고려시대 자료에는 47퍼센트가 있었다. 조선시대에는 공문서와 문학 작품에 있어 큰 차이가 있었다. 공문서에는 순 한국어 단어가 전혀 없었으나 16세기 문학작품에는 순 한국어 단어가 50퍼센트 정도 포함되어 있었다. 16세기의 민요에는 95퍼센트에 이르렀다.

이러한 배경에는 1443년에서 1446년 사이에 한글이 창제 되었으나 양반들은 한글 대신 한자와 한자어를 사용했기 때문이었고 이는 양반들이 기득권을 유지하기 위함이었다고 쇠베니는 분석하였다. 또한 순 한국어가 지금까지 남아 있는 것은 한글을 사용한 당시의 백성들에게 감사해야 할 일이라고 덧붙였다. 쇠베니는 16-17세기에 일반적으로 사용되다가 이제는 드물게 사용되는 순 한국어 단어도 많다며 사내, 계집, 뫼, 가람 등을 예로 들었다. 그리고 외교관 신분으로 각지를 여행하였을 때 어느 지방에서 순 한국어 단어만 사용하는 노인과 만난 적이 있었다고 회상하였다.[12)]

그 밖에도 쇠베니는 1만 2천 개의 의성어 및 의태어를 수집해 한국어사와 함께 박사 논문을 쓰기 시작하였다. 그리고 북한과학원으로부터 모든 연구를 인정받아 한국어 언어학 박사 학위를 받을 것을 기대하였다.

쇠베니가 부인에게 쓴 편지에는 이러한 상황이 잘 드러나 있다.

박사 학위와 관련해 문제는 러시아인 로조사전 편집자가 북한에 체류

12) 「북한 연구활동에 대한 보고서」, 1959년 2월 27일, 부다페스트.

하고 있는데 그 역시 박사 학위를 받기 위해 노력하고 있다는 것이오. 북한에서 박사 논문을 쓰고 논문 심사를 받은 후 박사 학위는 레닌그라드의 소련과학원에서 받게 될 것이오. 나는 여기에서 받고 싶소. 북한 사람들은 논문을 심사한 뒤 헝가리학술원에 좋은 결과를 통보해 부다페스트에서 학위를 받게 해 주겠다고 하오. 이곳에서는 박사 학위를 취득한 사람에게 매달 일정액의 보수를 지급하는데 내가 보기에는 매달 보수를 지급하지 않기 위해 학위를 주지 않는 것 같소. 아직 아무것도 결정된 것은 없소. 어떻게 될 것인지는 나중에 알게 되겠지요. 부다페스트에서 박사 학위 때문에 문 앞에서 굽신거리고 싶지는 않소. 북한에서 학위를 받을 수 있도록 노력하고 있소. 나는 연구를 하고 싶소.[13)]

그 후 아내에게 보낸 편지에 의하면 쇠베니가 북한에서 박사 학위를 받는 것은 매우 어려워 보였다. 다음 편지는 이에 관한 내용이다.

(1958년 11월, 저자 주) 8일에는 논문계획서를 과학원에 제출했는데 흡족해 하였소. 수정 사항 없이 수용될 것인지 아니면 수정해야 할 부분이 있는지는 화요일에 결정이 나오. 일련의 과정들이 생각처럼 쉽지는 않아 보이오. 왜냐하면 찬[14)]은 해임되었고 김병제(웽조사전 감수인-저자 주)도 위태로운 상황에 있기 때문이오. 지금부터 아무 것도 하지 않고 논문만 쓴다고 해도 완성할 수 있을지 의문이오. 어쨌든 나는 논문을 쓰기 시작했고 논문이 완성될 가능성은 있소. 시작이 반이오. 2주 정도 후에 논문 완성 여부가 가려질 것이오. 자료들은 어렵게 구했지만 사전을 구하는 것은 불가능하오. 사전을 빌리는 것조차도 불가능한 일이오.[15)]

---

13) 1958년 10월, "A", 평양.

14) 쇠베니는 헝가리어로 Tyán으로 기록하였으나 '장'인지 아니면 '찬'인지 정확히 알 수 없다.

15) 1958년 11월 8일, 평양.

그 후 쇠베니의 논문 준비는 더디게 진행되었고 현지 학자들은 모든 것을 도와줄 것처럼 이야기했지만 실제로 도움은 별로 받지 못했다고 쇠베니는 토로하였다. 한편 앞서 언급한 찬은 행방이 묘연해졌다.[16] 쇠베니의 유품과 여러 자료를 종합해 볼때 그는 박사 논문 집필은 마쳤으나 박사 학위는 취득하지 못하였다. 이에 대한 정확한 이유는 쇠베니가 남긴 유품으로는 밝혀지지 않았지만 당시 양국 관계가 소원해진 것도 주요 원인으로 작용했을 것이라 추측된다.

16)「북한 연구활동에 대한 보고서」, 1959년 2월 27일, 부다페스트.

제8장

강력한 독재국가로의 전개

Megfigyelések a szélsőséges diktatúra kibontakozásáról

북한의 실상을 목격하다

헝가리와 북한이 긴밀한 관계를 유지하고 있었던 1950년대 초, 중반 북한에서 근무하고 있던 헝가리 외교관들은 북한의 내부 실상을 정확히 목격하였다. 헝가리 대사관의 1955년 12월 보고서에는 벌금형, 노동교화소형, 구금형, 징역형을 비롯한 18세 이상 사형 등 북한 형벌의 종류에 대해 상세히 기록되어 있다.[1] 이 보고서에 의하면 지난 몇 년 간 사형이 다수 집행되었다. 징역형은 20년 수감 기간이 가장 긴 중형이었다. 수감 기간이 1년인 노동교화소에서는 임금을 받기도 하는데 임금의 20퍼센트는 생활비 명목으로 자동 차감되었다. 교화된 재소자는 감형되어 출소일이 앞당겨진다.

1) 헝가리 공문서 보관소, MNL XIX-J-1-j-1945-1964-Korea-5/b 6. doboz.

북한 당국은 정치범 수용소의 존재를 부정하고 있으나 헝가리 외교관들은 대규모의 정치범 수용소가 다수 존재한다는 말을 북한 관계자로부터 들었다. 정치범 수용소에는 정치적으로 신뢰할 수 없다고 판단돼 수용된 사람들도 있고 부랑인들도 포함되어 있다. 뿐만 아니라 남한 출신도 다수 수감되어 있으며 이들은 모두 무기한 수감되어 있다. 또한 이 보고서에 의하면 북한 여러 도시에는 8세에서 14세에 해당하는 많은 거지와 소매치기 아이들이 있다. 공창은 존재하지 않는다는 것이 북한의 공식 입장이었으나 실제로는 성매매가 이루어지고 있었다. 여러 도시의 이미지가 안 좋은 식당이나 선술집 등에 매춘부가 많았다.[2)]

쇠베니는 1954년부터 1956년까지 문화관으로 활동하면서 북한에서 중동유럽국가들보다 훨씬 강력한 독재국가가 전개되고 있음을 목격하였다. 그는 보고서에서 1955년 봄에 평양의 대다수의 지식인들과 정신노동자들이 갑자기 지방으로 동원된 사실을 보고하였다. 북한과학원 연구원들을 비롯해 대학 교수들, 배우들, 정부기관에서 일하는 공무원들의 80퍼센트가 포함되어 있었다. 이들 대부분은 모내기 현장에 투입되었고 제방 건설과 도로 건설에 투입되기도 하였다.[3)]

이 일의 시초는 일제강점기의 만주국으로 거슬러 올라간다. 만주국에서는 현지 정부와 일본 사령부가 각종 산업, 농업, 군부대 등에 주민들을 언제든 동원할 수 있다는 훈령을 시행하였다. 당시 만주국에는 백만 명 이상의 조선인이 거주하고 있었는데 이에 영향을 받아 북한

---

2) 헝가리 공문서 보관소, MNL XIX-J-1-j-1945-1964-Korea-5/b 6. doboz.

3) 「1955년 문화 요약본」(원고, 정확한 작성일은 미상이나 본문 내용 상 1956년 초에 작성된 것으로 추정됨.)

에서도 주민 강제 동원이 나타났다고 볼 수 있다.[4]

물론 농업만을 발전시키기 위해 지식인들과 정신노동자들을 강제 동원한 것은 아니었다. 1955년 쇠베니가 작성한 보고서에 의하면 조선문학예술총동맹은 인민 생활 연구 목적으로 작가 35명을 지방으로 파견하였다. 지방의 문화 발전과 현지 신문, 잡지 편집에 도움을 주는 것이 주된 목적이었으나[5] 1957년에 조선작가동맹의 제 2차 대회에서는 지방으로 보내진 작가들에 대해 많은 비판이 있었다. 특히 지방에 기꺼이 내려 가지 않고 마지못해 간 작가들이 비판의 대상이었다.[6]

저자는 앞서 쇠베니의 외교활동을 소개하면서 1950년대 중반 사회주의국가들에서 온 외교관들의 비교적 자유로운 이동에 대해 언급하였다. 그러나 북한은 미리 준비된 진열장을 외교관들에게 보여 주었다고 쇠베니는 보고서에 기록하였다.

1954년 12월, 쇠베니는 평양 동부의 노동자 주택단지의 시민회관을 방문하였다.[7] 이 시민회관은 경공업성의 제 1 건설회사에 의해 운영되고 있었다. 헝가리와 북한 간 대사급 외교관계 수립전 전권특명대사로 헝가리에서 근무한 적이 있는 한효삼 사장과 건설회사의 당비서가 시민회관을 외교관들에게 소개하였다. 시민회관에서는 노동자들이 즐겁게 바둑을 두기도 하고 탁구도 치고 있었다. 쇠베니는 모든 것이 미리 각본대로 준비한 것임을 알 수 있었다. 왜냐하면 주말이 아닌 주중 오전 근무시간에 노동자들이 즐거운 시간을 보내고 있었기 때문이었다. 더군다나 난방이 되지 않는 곳에서 12월 한겨울에 바둑을 두

4) Avarin, V, 『Harc a Csendes-óceánért.』, Szikra, 1950년, 부다페스트, 508쪽.

5) 「북한 문학 관련 소식들」, 1955년 초로 추정, 평양.

6) 헝가리 공문서 보관소, MNL XIX-J-1-k-1945-1964-Korea-18/b 9. doboz.

7) 위와 같음.

아우지의 직장 휴양소(1950년대 말의 북한 선전용 사진)(출처: Democratic People's Republic of Korea 1948-1958)

고 있는 이들이 자발적으로 시민회관까지 찾아가 바둑을 둘 리 만무하였다.[8)]

사회주의의 실체

쇠베니는 외교관으로 근무하는 동안 북한 현지인들과 가깝게 지내려고 노력하였다. 이는 초기에는 가능한 일이었지만 시간이 지날수록 점점 어려워지고 있다는 것을 체감할 수 있었다. 앞서 언급한 바와 같이 쇠베니는 남한 출신 정온녀가 어두운 단칸방을 작업실로도 사용하며 어렵게 생활하는 것을 매우 안타깝게 생각하였다. 또한 보고서에 정온녀의 단칸방 월세가 2천 원이었으며 노동자 한 달 월급이 천 5백

8) 위와 같음.

원이었던 것을 감안하면 비싼 편이라는 등 정온녀에 대해 자주 언급하였다.[9]

1955년 4월 4일, 주 북한 헝가리 대사관에서는 당시 헝가리 '해방의 날'을 기념해 국경일 리셉션이 개최되었다. 쇠베니는 정온녀를 초청하였으나 초대장을 전달받지 못한 정온녀는 불참하였다. 쇠베니는 보고서에서 화가협회 주소로 정온녀에게 초청장을 보냈으나 화가협회에서 임의로 다른 사람에게 준 것으로 추측된다고 기록하였다.[10]

여러 보고서의 정황에 의하면 쇠베니와 부인이 정온녀를 여러 차례 방문하면서 가까워졌으며 열악한 환경에서 생활하는 정온녀를 매우 안타까워하였다. 헝가리 공문서 보관소의 자료들에 의하면 헝가리 외무부는 쇠베니가 정온녀의 상황을 자세히 보고하는 것을 탐탁하지 않게 생각하였다. 외무부는 1955년 6월 29일자 공문을 통해 정온녀가 어떤 상황에서 살고 있는지에 대한 정보는 필요 없으며 쇠베니에게 정온녀를 다시는 방문하지 말고 북한 예술 연구를 원한다면 정온녀가 아닌 다른 방법을 강구할 것을 지시하였다. 그리고 가장 좋은 방법은 화가협회 임원진들과만 연락을 하는 것이라고 권유하였다.[11] 이와 같은 일들은 쇠베니가 사회주의에 회의를 갖는 계기가 된 반면 헝가리 외무부는 쇠베니가 정치적으로 신뢰할 수 없는 인물이라고 여기게 되었다.

이전과는 달리 북한은 북한 지식인들이 외국인들과 접촉하는 것을 방해하였다. 헝가리 대사관이 1955년 5월 23일에 주최한 북한 작가들

---

9) 위와 같음.

10) 위와 같음.

11) 위와 같음.

을 위한 만찬에는 초청한 7명 중 2명만 참석하였다.[12] 당시 북한에서 많은 비판을 받고 있던 작가 서만일은 북한 외무성의 의전부로부터 초청장을 받지 못했다고 고백하였다. 또다른 작가 홍순철은 갑자기 감기에 걸렸다며 만찬에 참석하지 않았다. 쇠베니는 서만일과 홍순철이 헝가리 대사관과 가장 친밀한 관계에 있었고 가장 잘 협력할 수 있는 인물들이라고 생각하였다. 이들이 불참한 만찬에서 홍순철의 작품 「어머니」에 대해 대화가 이어졌다. 이때 조선문학예술총동맹의 중앙위원장 자격으로 참석했던 한설야는 홍순철의 「어머니」를 이념적 뿐만 아니라 문체론적으로도 매우 훌륭한 작품이라며 극찬하였다.[13]

한편 홍순철이 일신상의 문제로 갑자기 만찬에 불참한 것은 북한 내부 갈등과 연관이 있는 것으로 추측된다. 헝가리 대사관의 1957년 12월 3일자 보고서에 의하면 조선작가동맹의 제 2차 대회에서 홍순철은 대해 거센 비난을 받았다.[14] 그는 반민족 범죄 행위를 하였으며 카프 출신 작가들의 작품 출판을 방해했을 뿐만 아니라 표절 및 비도덕적 생활을 했다는 것이 이유였다. 홍순철은 조선작가동맹에서 해임되었고 그와 관련된 작가들도 비판을 받았다.[15] 마이어스의 연구에 의하면 홍순철은 1957년에 공장에 보내져 노동자로서의 삶을 살았다.[16] 쇠베니는 1958년 10월에 연구를 목적으로 북한 방문한 당시 홍순철에 대한 소식을 들었다. 이때 부인에게 쓴 편지에서는 홍순철의 작품「어머니」가 무명작가의 작품을 표절한 것이라는 의혹을 받고 있다며 놀

12) 헝가리 공문서 보관소, MNL XIX-J-1-j-1945-1964-Korea-5/f 7. doboz.
13) 위와 같음.
14) 헝가리 공문서 보관소, MNL XIX-J-1-k-1945-1964-Korea-18/b 9. doboz.
15)위와 같음.
16) Myers, Brian,『Han Sorya and North Korean Literature. The Failure of Socialist Realism in the DPRK』, Cornell East Asia Series, 1994년, 뉴욕, 110-111쪽.

라워하였다.[17)]

쇠베니는 연구 기간이었던 1958년 가을의 평양과 북한 현지의 모습에 대해서도 자세히 기록하였다. 폐허가 된 평양에 현대적 건물들이 들어서면서 한옥들이 주던 로맨틱한 분위기는 사라졌으며 시멘트 판넬로 지어진 아파트들은 로맨틱했던 분위기를 해치고 있었다. 특히 새로 지어진 아파트를 방문한 쇠베니의 실망은 부인에게 보낸 편지에 잘 드러나 있다.

> 새로 지어진 아파트 두 집을 방문했는데 시멘트로 만든 성냥갑만한 방 두 칸짜리 아파트였소. 중앙 난방이고 화장실도 있소. 벽에는 못질이 금지되어 있어서 그림이 하나도 걸려 있지 않소. 이런 집에서도 이곳 사람들은 신발은 벗고 양말만 신은 채로 돌아다니오. 라지에이터는 너무 작아서 겨울철에는 이 콘크리트 새장이 무척 추울 것이오. 현지인들은 이 아파트에 입주할 때 가구도 받는데 이는 입주인의 수만큼 철제 침대를 제공받는다는 뜻이오. 가구당 책상 하나, 의자 두 개, 옷장 하나도 제공받소. 라디오를 가지고 있는 경우 평양방송을 제외하고 다른 방송은 청취하면 안 된다오. 우리는 훨씬 더 정상적인 삶을 살고 있소.[18)]

북한의 극예술에 대해서도 관심이 많았던 쇠베니는 배우들이 무대보다는 농촌이나 건설 현장에서 더 많이 일하는 것을 보고 사회주의 체제에 대한 견해가 부정적으로 바뀌었다. 교육 현장에서도 상황은 다르지 않았다. 수만 명에 달하는 초중고 학생들은 무임금 노동력으로 동원되고 있었다. 전쟁 폐허가 된 도시 청소와 농촌 일에도 동원되

---

17) 1958년 10월, "A", 평양.
18) 1958년 10월 11일, 평양.

고 있었다. 개성 소재의 어느 초등학교에서는 학생들이 석회와 돌가루를 사용해 건설 현장에 사용될 벽돌을 생산하였다. 쇠베니는 1958년 연구 활동 관련 기록에서 '토끼 2천 5백만 마리 운동'에 대해서도 설명하였다. 이 운동의 목적은 토끼 2천 5백만 마리를 기르는 것이었는데 고기는 식용으로, 토끼털은 소련에 수출하기 위해서였다.[19)]

19) 「북한 연구활동에 대한 보고서」, 1959년 2월 27일, 부다페스트.

부록

부인 요브에게 보낸 편지를 통해 본 쇠베니 얼러다르의 여행기

우리는 아직 여행객에 불과하오. 개성에서 이틀을 보내고 지금 집에 돌아왔소. 개성에는 기차를 타고 다녀왔는데 향긋한 발냄새로 데워진 값싼 객차에는 온순해 보이는 군인들도 함께 타고 있었소. 호텔에서 짐을 풀고 새 포베다(소련제 자동차-저자 주)를 타고 다녔소.[1]

박연폭포

1) 1958년 10월 13일, 평양.

금강산 삼일포

나는 지금 금강산에 서 있소. 원산까지 기차를 타고 왔고 밤에는 침대칸에서 잤소. 원산에서는 바닷가에 새로 들어선 호텔에서 하룻밤을 보냈는데 날씨가 춥고 흐려서 바다를 제대로 즐기지는 못 했소. 북한제 낡은 소형 버스를 타고 (원산에서 금강산으로-저자 주) 왔소. 버스는 심하게 덜컹거렸으나 무사히 올라왔소. 길은 매우 험했고 1600미터 높이에 절벽들이 있소. 이 지방은 아름답지만 묘향산보다는 덜하오. 나는 삼선암과 삼일포가 가장 마음에 들었소. 삼일포에는 작은 섬들이 있소. 그 중 한 섬에 가서 독사를 잡아 입에 담배를 물렸소.[2](1950년대에 북한을 방문한 다른 헝가리인들의 기록에도 유사한 내용이 등장하는데 북한 사람들이 독사 입에 담배를 물려서 죽였다고 한다.-저자 주)

---

2) 1958년 10월, "C", 평양.

담배 파이브를 입에 물고 북한의 바닷가에서 사색에 잠긴 쇠베니 얼러다르

이튿날에는 구룡포에 갔었소. 구룡포와 관련된 전설은 다음과 같소. 천여 년 전에 유명한 미륵불이라는 보살이 있었는데 그가 전세계의 불교 수장이 될 것이라는 말이 있었소. 미륵불의 사찰이 구룡포에 있는데 돌로 만든 배를 타고 인도에서 쉰세 명의 주지스님이 미륵불을 찾아 왔다고 하오. 그러자 미륵불은 스님들과 하인 한 명을 내려 보내 잔치를 준비하도록 시켰소. 그때 쉰세 명의 주지스님들이 물가(해금강- 저자 주)에 도착해 즐거운 시간을 보내고 있었소. 하인은 주지스님들 무리에 섞여 춤을 추기 시작하였소.

한편 스님들은 구룡포 아래에서 인도 스님들이 묵을 숙소를 찾아보고 있었소. 구룡 신(神)은 자신들의 궁궐을 인도 스님들에게 내주고 구룡폭포 정상으로 거처를 옮겼소. 그때 용 한 마리의 눈이 빠져서 떨어진 곳이 깊이 패였소(구룡연(九龍淵)- 저자 주). 이 산 정상에는 여덟 개의 연못이 있는데 나머지 여덟 마리의 용이 살았다는 전설이 있

구룡포

소. 그래서 이 폭포를 구룡포라 부르오. 한편 쉰세 명의 인도 주지스님들의 머물었던 거처에 사찰을 짓고 쉰세 개의 순금 조각상을 만들었다고 하오. 이 조각상들은 한국전쟁 당시 소실되어 단 한 개만 남아 있는데 이 조각상을 원산에 있는 박물관에서 나도 본 적이 있소.[3]

오늘은 만물상에 다녀 왔소. 우리는 삼선암을 다시 구경했소. 이 삼선암은 '금강' 담배 포장지에 있는 것과 같은 것이오. 이곳에는 기암절

---

3) 1958년 10월 24일, "C", 평양.

벽들이 많소. 귀면암, 천주봉, 옥녀봉, 오봉산, 2천 미터 높이의 아름다운 전망대에도 갔소. 이 근처에는 매우 신기한 '잣나무'라 불리는 소나무를 보았소. 솔방울에는 후추알 만한 잣이 달려 있는데 무척 맛이 있소. 이 잣 몇 개를 집(헝가리-저자 주)에 갈 때 가져가서 심어보겠소.

우리는 만물상 정상까지 올라갔소. 기괴한 바위들이 펼쳐져 있어 전망이 매우 좋소. 구불구불한 길들과 바위들이 내려다 보이오. 선녀들의 쉼터(천선대-저자 주)에는 선녀들이 목욕을 했다는 작은 호수 '금강문'도 있소.

2천 미터 높이의 산 위로 독수리들이 무리 지어 날아다니오. 현지인들에 의하면 독수리는 20, 30 킬로그램이나 되고 날개를 펼치면 양 날개의 폭이 2.2에서 2.4 미터나 된다고 하오. 날개는 검정색이고 날개에 하얀 큰 점이 있소. 이런 독수리는 12-14살 아이들과 노루, 아기 사슴을 순식간에 낚아 채 간다고 하오.[4]

---

4) 1958년 10월 24일자, 평양.

참고 자료 및 참고 문헌

헝가리 공문서 보관소:

MNL XIX-J-i-j-1945-1964-Korea 4. doboz.

MNL XIX-J-1-j-1945-1964-Korea 6. doboz.

MNL XIX-J-1-j-1945-1964-Korea 7. doboz.

MNL XIX-J-i-j-1945-1964-Korea 8. doboz.

MNL XIX-J-1-j-1945-1964-Korea 13. doboz.

MNL XIX-J-1-k-1945-1964-Korea 8. doboz.

MNL XIX-J-1-k-1945-1964-Korea 9. doboz.

ELTE공문서 보관소:

ELTE Egyetemi Levéltár. 1953 BTK, NYIK, DH. 855. 13.

ELTE Egyetemi Levéltár. 1953 BTK, NYIK, DH. 855. 75.

쇠베니 얼러다르의 유품 자료(시간 순서별)

「북한 문학 관련 소식들(Hírek a koreai irodalommal kapcsolatban.)」, 1953년 8월 15일, 부다페스트.

「'세계문학개론'지의 편집장에게 쓴 편지(Cikkjavaslat a Világirodalmi Tájékoztató szeptemberi számához.)」, 1953년 8월 15일, 부다페스

트.
「북한 유학생들의 교육에 관한 몇 가지 사실(Néhány szó a koreai tanulók neveléséről.)」, 1953년 11월 21일, 부다페스트.
「북한 관련 소식들 (Hírek Koreából.)」, 1954년 1월 27일, 부다페스트.
「북한 문학 관련 소식들(Hírek a koreai irodalmi élettel kapcsolatban.)」, 1954년 11월 20일, 평양.
「북한 문학 관련 소식들(Hírek a koreai irodalmi élettel kapcsolatban.) 」, (정확한 작성일은 미상이나 본문 내용 상 1955년 초에 작성된 것으로 추정됨.)
「북한 문학 관련 소식들(Hírek a koreai irodalmi élettel kapcsolatban.)」, 1955년 2월 24일, 평양.
「북한 문학 관련 소식들(Hírek a koreai irodalmi élettel kapcsolatban.)」, 1955년 4월 4일, 평양.
「프로페르 라슬로에게 보낸 편지(Levél Dr. Propper László részére.)」, 1955년 5월 4일, 평양.
「북한 문학 관련 소식들(Hírek a koreai irodalmi élettel kapcsolatban.)」, 1955년 6월 25일, 평양.
「해방 이후 북한 문학의 주요 주제와 문제점들(A koreai irodalom fő problémái és témaköre a felszabadulás utáni időszakban.)」 (원고, 정확한 작성일은 미상이나 본문 내용 상 1955년에 작성된 것으로 추정됨.)
「1955년 문화 요약본(1955. évi kulturális összefoglaló.)」 (원고, 정확한 작성일은 미상이나 본문 내용 상 1956년 초에 작성된 것으로 추정됨.)
「북한 문학 관련 소식들(Hírek a koreai irodalmi élettel kapcsolatban.)」,

1956년 2월 16일, 평양.
「북한 문학 관련 소식들(Hírek a koreai irodalmi élettel kapcsolatban.)」, 1956년 3월 23일, 평양.
「오천 년 역사의 한반도(Az ötezer éves Korea.)」(원고, 정확한 작성일은 미상이나 본문 내용 상 1956년에 작성된 것으로 추정됨.)
「북한 연구 활동에 대한 보고서(Jelentés koreai tanulmányutammal kapcsolatban.)」, 1959년 2월 27일, 부다페스트.
「유럽출판사에 보낸 보고서(Jelentés az Európa Kiadó részére.)」, 1965년 9월 5일.
「이력서(Önéletrajz.)」, 1972년 8월 29일, 부다페스트.

인터뷰 및 대화 출처:

쇠베니 얼러다르의 아들 쇠베니 팔과의 대화, 2014년 12월, 부다페스트.
요저 샨도르와의 인터뷰, 2015년 2월, 부다페스트.
총고르 버러너바쉬(중국학 학자), 2015년 2월, 부다페스트.

참고 문헌:

『조선중앙년감』 1954-1955, 조선중앙통신사, 1954년, 평양.
『조선문학사』 1948-1958, 과학백과사전출판사, 1978년, 평양.
『조선력사상식』, 과학백과사전출판사, 2008년, 평양.
초머 모세, 『한반도를 방문한 헝가리인들의 기억 비망록』, 집문당, 2009년, 서울.
초머 모세, 『헝가리 부다페스트로! 1956년 헝가리 혁명과 북한 유학생들』, 지문당, 2013년, 서울.

Avarin, V.: Harc a Csendes-óceánért. Szikra. Budapest, 1950.

Borsodi Csaba – Tüskés Anna: Az Eötvös Loránd Tudományegyetem Bölcsészettudományi Karának története képekben 1935-2010. [ELTE BTK.] Budapest, 2010.

Demick, Barbara: Nothing to envy. Spiegel & Grau. New York, 2010.

Democratic People's Republic of Korea 1948-1958. Foreign Languages Publishing House. Phenjan, 1958.

Hősök, költők, gyerekek a harcoló Koreáról. Az Országos Béketanács kiadása. Budapest, 1952.

Lankov, Andrei: Crisis in North Korea: the failure of De-Stalinization, 1956. University of Hawai'i Press. Honolulu, 2005.

Li Csen Von [Li Csong Von]: Korea rövid újkori története. Szikra. Budapest, 1953.

Myers, Brian: Han Sorya and North Korean Literature. The Failure of Socialist Realism in the DPRK. Cornell East Asia Series. New York, 1994.

Nahm C. Andrew: Korea – Tradition and Transformation. A History of the Korean People. Hollym. New Jersey and Seoul, 1988.

Nemes Nagy Ágnes: Káin, Ábel, gimnázium. In: Az élők mértana. II. köt. Osiris Kiadó. Budapest, 2004.

Neff, Robert D. – Cheong Sunghwa: Korea through Western Eyes. Seoul National University Press. Seoul, 2009.

Világirodalmi Lexikon. Hatodik Kötet. Akadémiai Kiadó. Budapest,

1979.

Yu Songnyong: The Book of Corrections. Institute of East Asian Studies. University of California. Berkeley, 2002.

Zong In-sob: Folk Tales in Korea. Routledge & Kegan Paul Ltd. London, 1952.

색인